首都圏版㉖ 最新入試に対応！ 家庭学習に最適の問題集 !!

青山学院大学系属
浦和ルーテル学院
小学校

JN046682

2025年度版 過去問題集

2021〜2024年度 実施試験 計 4 年分収録

プリント式!!

すべての問題に
アドバイス付き！

問題集の効果的な使い方

①学習を始める前に、まずは保護者の方が「入試問題」
の傾向や、どの程度難しいか把握をします。すべて
の「アドバイス」にも目を通してください。
②各分野の学習を先に行い、基礎学力を養いましょう！
③力が付いてきたと思ったら「過去問題」にチャレン
ジ！
④お子さまの得意・苦手がわかったら、その分野の学
習を進め、全体的なレベルアップを図りましょう！

厳選！ 合格必携 問題集セット

図　形	Jr. ウォッチャー ❻「系列」
言　語	Jr. ウォッチャー ⓰「いろいろな言葉」
数　量	Jr. ウォッチャー ㊹「数の構成」
常　識	Jr. ウォッチャー 56「マナーとルール」
巧緻性	実践 ゆびさきトレーニング①・②・③

日本学習図書 ニチガク

こんなこと…ありませんか？

「ニチガクの問題集…買ったはいいけど、、、
この問題の教え方がわからない（汗）」

メールでお悩み解決します！

☆ ホームページ内の専用フォームで必要事項を入力！

☆ 教え方に困っているニチガクの問題を教えてください！

☆ 確認終了後、具体的な指導方法をメールでご返信！

☆ 全国どこでも！スマホでも！ぜひご活用ください！

<質問回答例>

 アドバイス

推理分野の学習では、後の学習に活きる思考力を養うことができます。ご家庭で指導する場合にも、テクニックにたよらず、保護者の方が先に基本的な考え方を理解した上で、お子さまによく考えさせることを大切にして指導してください。

Q.「お子さまによく考えさせることを大切にして指導してください」
　と学習のポイントにありますが、考える習慣をつけさせるためには、
　具体的にどのようにしたらいいですか？

A. お子さまが考える時間を持てるように、質問の仕方と、タイミング
　に工夫をしてみてください。
　たとえば、「答えはあっているけど、どうやってその答えを見つけた
　の」「答えは○○なんだけど、どうしてだと思う？」という感じです。
　はじめのうちは、「必ず30秒考えてから手を動かす」などのルール
　を決める方法もおすすめです。

まずは、ホームページへアクセスしてください!!

https://www.nichigaku.jp　　日本学習図書　　検索

目指せ！合格！ 家庭学習ガイド
青山学院大学系属 浦和ルーテル学院小学校

 ペーパー 行動観察 運動 制作 親子面接

入試情報

応 募 者 数：男女計 301 名
出 題 形 態：ペーパーテスト・ノンペーパーテスト
面　　　接：志願者・保護者
出 題 領 域：ペーパー（数量・推理・図形・記憶・言語・常識等など）、
　　　　　　 行動観察、運動、制作

入試対策

2024 年度の入試内容は例年通り、ペーパーテスト・行動観察・運動・制作・面接（志願者・保護者）というものでした。ペーパーテストは、数量、推理、図形、記憶、言語など多分野からの出題です。本年度は常識の問題も出題されています。問題自体はそれほど複雑ではなく、理解力や年齢相応の知識・観察力が求められる標準的な小学校入試と言っていいでしょう。ただし、他校ではあまり見られない「ひらがなを使った問題」や、内容はオーソドックスでも「聞き方が独特な問題」があります。過去問のほか、苦手分野の問題集などを行って応用力をつけておきましょう。

● 言語分野の問題では、ひらがなを書くこと、読むことの両方が求められています。推理分野では、「〜と同じ関係のものを選ぶ」といった関係類推の問題がよく扱われています。過去問で具体的な出題例を確認しておきましょう。

● 問題ごとの解答時間は標準よりも長めで、時間の余裕があります。正答率が高くなることが予想されるので、単に答えるだけではなく、精度をあげることが大切です。

● 面接では、コロナ関連の質問のほか、保護者に対して、家庭での過ごし方、仕事について、キリスト教についての考え、といった内容に加え、併願校についての質問があります。ある程度の準備をしておいたほうがよいでしょう。

● 試験は一朝一夕では身につかない力が求められる問題が多く出題されます。ペーパー対策に加え、日々の生活を通して、正しい習慣を身につけておきましょう。

● 待機中、志願者にはお絵かき、保護者にはアンケートを記入する時間があります。早く書き（描き）終わったときの過ごし方を考慮しておきましょう。また、描いた絵に対する質問もありますので、準備をしておかれるとよいでしょう。

「青山学院大学系属 浦和ルーテル学院小学校」について

＜合格のためのアドバイス＞

かならず読んでね。

　当校は、学問・スポーツ・芸術など、1人ひとりの「才能＝ギフト」を見出し、大きく伸ばし、世界に貢献していく人間を育てる「ギフト教育」を実践しています。これは、子どもは誰でもかけがえのない「ギフト（才能や個性）」を神様から与えられているという考えに基づき、「才能」「共感」「世界貢献」「自己実現」という4つの観点からギフトを活かして、まわりの人々を幸せにし、自らも幸せな人生を歩むことを願う教育です。具体的には、「少人数教育」「小中高12年一貫」「英語・国際教育」「キリスト教主義に基づく全人教育」といった、当校を象徴するような教育が行われています。

　当校は2018年7月に青山学院大学の系属校となり（2019年度よりは校名も「青山学院大学系属浦和ルーテル学院小学校」と改称）、これにより、一定の進学基準を満たした児童は、将来的には系属校推薦入学として青山学院大学へ進学できることとなります。今後も、志願者増に伴い試験内容の変更・難度の上昇が予測されます。保護者の方は、説明会はもちろんのこと、Webからの入試情報にも注意しましょう。

　ペーパーテストは、数量、推理、図形、言語、記憶、常識などの分野から出題されました。絵を見て描いてあるものがいくつあるのか把握させる問題が多く、計算力だけでなく観察力も問われる問題や、2つのものの関係を類推する推理・思考力を使う問題も頻出です。また、当校では、言語分野の問題に、ひらがなの読み書きといった、他校では見られない問題が例年出題されています。ただし、分野・観点は幅広いものの、基本的な知識や学力を観点とした問題がほとんどですので、それぞれの分野についての基礎を固めておけば、それほど心配することはありません。

　面接は、保護者面接と志願者面接が別々に行われます。保護者に対しては、志願理由、家庭での過ごし方などの一般的な質問のほかに、入学の意欲、家庭環境の詳細などが聞かれます。アンケートでも保護者の学歴・職業、学校に関する質問、併願校といった具体的な質問事項が多いだけに、事前の準備や保護者同士の打ち合わせは必須でしょう。

〈2024年度選考〉

◆保護者・志願者面接
◆ペーパーテスト
◆制作
◆行動観察・運動

◇過去の応募状況

2024年度　男子 128名　女子 173名
2023年度　男子 144名　女子 190名
2022年度　男子 149名　女子 198名

入試のチェックポイント

◇受験番号は…「ランダムに決める」
◇生まれ月の考慮…「あり」

青山学院大学系属 浦和ルーテル学院小学校 過去問題集

〈はじめに〉

　　現在、少子化が叫ばれているにもかかわらず、私立・国立小学校の入学試験には一定の応募者があります。入試は、ただやみくもに学習するだけでは成果を得ることはできません。志望校の過去における出題傾向を研究・把握した上で、練習を進めていくこと、試験までに志願者の不得意分野を克服していくことが必須条件です。そこで、本問題集は小学校を受験される方々に、志望校の出題された問題をより分かりやすく理解して頂くために、アドバイスを記載してあります。最新のデータを含む精選された過去問題集で実力をお付けください。

　　また、志望校の選択には弊社発行の「2025年度版　首都圏・東日本　国立・私立小学校　進学のてびき」をぜひ参考になさってください。

〈本書ご使用方法〉

- ◆出題者は出題前に一度問題を通読し、出題内容などを把握した上で、〈 準 備 〉の欄に表記してあるものを用意してから始めてください。
- ◆お子さまに絵の頁を渡し、出題者が問題文を読む形式で出題してください。問題を読んだ後で、絵の頁を渡す問題もありますのでご注意ください。
- ◆「分野」は、問題の分野を表しています。弊社の問題集の分野に対応していますので、復習の際の目安にお役立てください。
- ◆一部の描画や工作、常識等の問題については、解答が省略されているものがあります。お子さまの答えが成り立つか、出題者が各自でご判断ください。
- ◆〈 時 間 〉につきましては、目安とお考えください。
- ◆本文右端の ［○年度］ は、問題の出題年度です。 ［2024年度］ は、「2023年の秋に行われた2024年度入学志望者向けの考査で出題された問題」という意味です。
- ◆学習のポイントは、指導の際にご参考にしてください。
- ◆【おすすめ問題集】は各問題の基礎力養成や実力アップにご使用ください。

〈本書ご使用にあたっての注意点〉

- ◆文中に この問題の絵は縦に使用してください。 と記載してある問題の絵は縦にしてお使いください。
- ◆〈 準 備 〉の欄で、クレヨン・クーピーペンと表記してある場合は12色程度のものを、画用紙と表記してある場合は白い画用紙をご用意ください。
- ◆文中に この問題の絵はありません。 と記載してある問題には絵の頁がありませんので、ご注意ください。なお、問題の絵の右上にある番号が連番でなくても、中央下の頁番号が連番の場合は落丁ではありません。
  下記一覧表の●が付いている問題は絵がありません。

問題1	問題2	問題3	問題4	問題5	問題6	問題7	問題8	問題9	問題10
問題11	問題12	問題13	問題14	問題15	問題16	問題17	問題18	問題19	問題20
		●	●						
問題21	問題22	問題23	問題24	問題25	問題26	問題27	問題28	問題29	問題30
				●	●				
問題31	問題32	問題33	問題34	問題35	問題36	問題37	問題38	問題39	問題40
						●	●		
問題41	問題42	問題43	問題44	問題45	問題46	問題47			

�得 先輩ママたちの声！

◆実際に受験をされた方からのアドバイスです。
ぜひ参考にしてください。

浦和ルーテル学院小学校

- 今年は保護者アンケートの内容が例年と違い、環境問題に触れるものでした。家庭の方針をまとめておく方が良いと思います。

- 行事には積極的に参加して、学校の雰囲気や、先生と児童の様子などをよく見ておく方が良いと思いました。特に、文化祭（スクールフェア）は、おすすめです。

- 面接では、キリスト教についての考え方を聞かれます。あらかじめ自分なりの考え方をまとめておくことが大切です。

- 試験では、体操着に着替えずに、そのまま運動テストになりました。キュロットなど動きやすい服装で行くことをおすすめします。

- ペーパーテストの後、子どもは解答時間が短いと言っていました。

- 都内からなど、比較的遠くから入試を受ける人が増えたようです。
  面接でも「そんなに遠くから通学できるのか」という質問がありました。

- 駅からバスで10分はかかります。到着は時間に余裕を持っておいた方がよいと思います。

- 親子面接での「お話作り」では想像力、語彙力、伝達力が必要で、普段の生活でのコミュニケーションの大切さを感じました。

- 保護者にはアンケート（小論文）が2回ありました。子育ての方針、親としての考えを固め、準備をした上で臨むことが必要と感じました。

- 自分の靴は自分で持ち歩くので、靴入れがあると便利です。

2024年度の最新入試問題

問題1　分野：記憶（お話の記憶）

〈準備〉　鉛筆

〈問題〉　お話を聞いて後の質問に答えてください。

今日はゆりこさんがとても楽しみにしていたキャンプに行く日です。夏休みのずっと前から、弟のさとるくんと一緒に準備をしてきました。ゆりこさんは川遊び用の水着と麦わら帽子、さとるくんは虫かごと虫取り網を用意しました。お父さんはテントとランタン、バーベキューコンロと炭を、お母さんはバーベキュー用のお肉と野菜、それからみんなの分の飲み物を用意しました。朝早くに家を出発して、ようやくお昼ごろ、森の中のキャンプ場に到着しました。みんなでテントを設営したあとは、川で遊ぶことに決めました。浅いところを流れる川に太陽の光が反射して、とてもきれいでした。ゆりこさんとさとるくんは、冷たい水にひざまでつかりながら大はしゃぎしました。川から上がると、さとるくんは虫取り網でトンボを追いかけました。トンボには逃げられてしまいましたが、お父さんがクワガタを捕まえてくれました。さとるくんは大喜びで、持ってきた虫かごに大事にしまいました。その後は炭火をおこしてバーベキューをしました。お肉とタマネギ、とうもろこし、アスパラガスを焼きました。どれもみんなゆりこさんの好物だったので、お腹いっぱい食べました。タマネギが苦手だったさとるくんも「甘くておいしいよ」と言って、たくさん食べました。ふと見ると、あたりはすっかり暗くなっていました。ゆりこさんが目を凝らすと、小さな明かりが動いてゆくのが見えました。「見て、ホタルだよ！」ゆりこさんが言うと「本当だ！僕も見えたよ！」さとるくんも見つけたようでした。お父さんがランタンの明かりを消して暗さに目が慣れてくると、辺り一面、ホタルに囲まれていました。まるで夢のような景色にみんなうっとりしていました。テントに入ってからも、ゆりこさんのワクワクは収まりませんでした。今日のことは絶対忘れないと思いながら、幸せな眠りにつきました。

（問題1の絵を渡す）
①ゆりこさんが用意したものに〇を、さとるくんが用意したものに△をつけてください。
②お父さんが用意したものに〇を、お母さんが用意したものに△をつけてください。
③キャンプでしたことで、正しい順番のものに〇をつけてください。
④お父さんが捕まえたものは何でしょう。正しいものに〇をつけてください。
⑤次の動物たちのお話を聞いて、正しいことを言っている動物に〇をつけてください。
　キツネさん「さとるくんは玉ねぎが食べられるようになってよかったね。」
　ブタさん「川で遊んだのはゆりこさんとさとるくんとお母さんだよね。」
　ウシさん「夜になってみんなで流れ星を見られてよかったね。」

〈 時 間 〉　各20秒

〈 解 答 〉　下図参照

 アドバイス

登場人物が少なくわかりやすいお話ですが、人物に付随して覚える事柄が多く出てきますので、混乱してしまうお子さまも多いでしょう。ランタンやバーベキューコンロなど、専門的な名前も出てくるので、想像力、集中力が切れてしまうかもしれません。このお話のような体験があるお子さまばかりではありませんので、想像しにくいようなお話でも集中力を切らさず、最後まで聴き取る力を、普段から養うようにしてください。まずは、お子さまが興味を持つお話で、お話を聞くことの楽しさ、集中力を養い、どういう情景を思い浮かべたか、何が出てきたかなどを確認しながらすすめていくとよいでしょう。

【おすすめ問題集】
　　1話5分の読み聞かせお話集①②、　お話の記憶　初級編・中級編・上級編、
　　Jr・ウォッチャー19「お話の記憶」

〈 準 備 〉　鉛筆

〈 問 題 〉　左の絵に合うひらがなを、３つの中から選んで○をつけましょう。

〈 時 間 〉　各10秒

〈 解 答 〉　下図参照

⏰	とかい		🍌	ばばな	○
	とけい	○		ばなな	
	といけ			ななば	
🥬	はくしい		🍳	ぷらいぱん	
	はしさい			ふらいばん	
	はくさい	○		ふらいぱん	○
🪲	ほたる	○	🫖	やかん	
	はたる			きうす	
	ほたろ			きゅうす	○
🍎	りんこ		🎒	りゅくっさく	
	いんこ			りゅっくさっく	○
	りんご	○		りっくさっく	

 アドバイス

試験の冒頭に解答用紙に名前を書きますが、この問題にもひらがなが登場します。この問題は少なくともひらがなが読めないと答えに困ります。「自分の名前をひらがなで書く」「ひらがなが読める」という２つの能力は当校の入試に必要ということです。たいていのお子さまは日々くらしていくうちに、なんとなくひらがなの読み方を知っていくものですが、当校を受験されるお子さまは練習しておく必要があります。特別な対策は必要ありませんが、この問題用紙に自分の名前を書いて練習しておいてください。鉛筆の持ち方や書くときの姿勢などはチェックされていますから、お子さまに気になる点があればその都度、指導するようにしましょう。

【おすすめ問題集】
　　Ｊｒ・ウォッチャー18「いろいろな言葉」

問題3　分野：言語

〈準 備〉　鉛筆

〈問 題〉　①左の絵の中で、2番目に「つ」がつくものに〇をつけましょう。余った絵で
　　　　　しりとりをして、最後になる絵に△をつけましょう。
　　　　　②右の絵の中で、最後に「ち」がつくものに〇をつけましょう。余った絵でしり
　　　　　とりをして、最後になる絵に△をつけましょう。

〈時 間〉　各1分

〈解 答〉　下図参照

 アドバイス

　1つの問題に2種類の質問が入っています。この問題の場合、初めの条件に合う言葉を
取り残してしまうと、次のしりとりが繋がらなくなってしまいます。そうならないよう
に、一つひとつ丁寧に確認して〇をつけること、もし間違っても焦らず解き直すことが
できるよう、同様の問題を多く解くことをおすすめします。落ち着きと集中力を養って
試験に臨みましょう。

【おすすめ問題集】
　Ｊｒ・ウォッチャー17「言葉の遊び」、18「いろいろな言葉」、49「しりとり」、
　NEWウォッチャーズ　私立言語①・②

問題4　分野：常識

〈準 備〉　鉛筆

〈問 題〉　3枚の絵の中で、良いことをしている絵に〇をつけてください。

〈時 間〉　10秒

〈解 答〉　右上

アドバイス

特に難しいことを聞かれてはいません。ただ、こういった基本的な公共でのマナーをご家庭で教えているのかを、試験を通して観られています。マナーはみんなが気持ちよく過ごすためのものです。相手の立場に立つ、相手の気持ちを想像することができれば、公共のマナーも自然と身に付いていくでしょう。共感できる感性を養うことは当校の理念の一つです。ご家庭での話し合いの中で、お子様自身の考えを引き出す機会を作りましょう。

【おすすめ問題集】
　　Ｊｒ・ウォッチャー12「日常生活」、30「生活習慣」、56「マナーとルール」

問題5　分野：数量

〈 準 備 〉　鉛筆

〈 問 題 〉　（問題5-1の絵を渡す）
　　　　　　①左の四角のリボンを1つずつクッキーにつけるには、右のどのお皿を選べばよいでしょう。ちょうどよい数を選んで〇をつけてください。
　　　　　　（問題5-2の絵を渡す）
　　　　　　②ネズミさんとリスさんはドングリを持っています。ネズミさんがリスさんより3個多くドングリを持っているものに〇をつけてください。
　　　　　　③ネズミさんとリスさんはドングリを持っています。ネズミさんとリスさんのドングリの数が4個違うものに△をつけてください。

〈 時 間 〉　各20秒

〈 解 答 〉　下図参照

 アドバイス

①は左と右を同数のセットにするという問題です。今回のように10以下の数の場合、一つひとつ数えて答えを出すよりも、ひと目見ていくつあるかわかったほうが当然早く答えることができ、数え間違いも防ぐことができます。これは類題を多く解くことで身に付きますので、家庭学習に積極的に取り入れましょう。②、③はお話の条件に当てはまるものを選ぶ問題です。短い文章の中に指示が複数入っていますので、初めから最後まで注意深く聴く必要があります。複数指示の問題は他にも出題されますので慣れておきましょう。

【おすすめ問題集】
　　Ｊｒ・ウォッチャー14「数える」、38「たし算・ひき算1」、
　　39「たし算・ひき算2」、41「数の構成」、42「一対多の対応」

〈 準 備 〉　鉛筆

〈 問 題 〉　**この問題の絵は縦に使用して下さい。**
それぞれの段で上に描いてある絵は、あるお約束で並んでいます。□のところには何が入るでしょう。左から、初めの□にくる絵には○を、次の□にくる絵には△をつけてください。

〈 時 間 〉　各30秒

〈 解 答 〉　下図参照

 アドバイス

系列の問題は、まずじっくりとどういう法則か考えることが大切です。法則を見つけるということは、入学後の学習で役立つ能力です。はじめから前後だけを見て空欄を埋めるという、ペーパーを解く上でのテクニックを身につけるのではなく、何度も見て数をこなしていきましょう。そうすることにより「お約束を考える」という力が身につきます。図形の問題は全体を見るより細かいパーツに注目した方が理解しやすいかもしれません。指で差して、その部分の変化を確認してみましょう。最後の問題は上下の反転、左右の反転の繰り返しです。全体を見ると混乱しがちですが、実際に紙に描いて裏返してみると把握しやすいので試してみるとよいでしょう。

【おすすめ問題集】
　Ｊｒ・ウォッチャー６「系列」、31「推理思考」

問題7　分野：数量（比較）

〈準 備〉　鉛筆

〈問 題〉　3種類の筒に紐を巻きつけてあります。どの紐が一番長いでしょうか。それぞれ一番長いと思うものに○をつけてください。

〈時 間〉　各20秒

〈解 答〉　①真ん中　②一番下　③一番上

 アドバイス

ひもの長さを問う問題です。筒に巻き付けた紐の場合、巻き付けた回数や筒の太さによって長さが変わります。同じ太さの筒でも巻いた回数が多いほど紐は長く、また同じ回数巻いていても筒が太いほうが紐は長くなります。この法則はぜひお子さま自身に、実際に具体物を使って発見させてあげてください。実際に体験することでペーパーでの理解力も上がり、応用問題への対応も楽になるでしょう。

【おすすめ問題集】
　Ｊｒ・ウォッチャー15「比較」

問題8　分野：常識

〈準 備〉　鉛筆

〈問 題〉　この中で磁石につくものに○を、水に浮かぶものに△をつけてください。

〈時 間〉　1分

〈解 答〉　下図参照

アドバイス

近年、日常生活に関連した問題が出題される傾向にあります。この問題の磁石や浮力も、日頃の体験が理解度に影響を与えます。何も特別な体験が必要なわけではありません。お手伝いや買い物など、生活に関連した体験とそれにまつわる会話がお子さまの知識量を増やすきっかけになります。日頃から意識的に会話を増やすよう心がけてみましょう。理科的常識は単に暗記するのではなく、学習方法を工夫したほうが効果的です。通常の学習に加えて、遊び感覚で行えるものも取り入れましょう。

【おすすめ問題集】
　Ｊｒ・ウォッチャー11「いろいろな仲間」、27「理科」、55「理科②」

問題9　分野：常識

〈 準 備 〉　鉛筆

〈 問 題 〉　４つのグループの中で、仲間外れが入っているものを選んで○をつけてください。

〈 時 間 〉　20秒

〈 解 答 〉　左下

 アドバイス

常識分野の問題で、こちらも生活に関連した内容になっています。普段からなじみ深い職業のグループなので、一つひとつ確認すれば間違えることは少ないでしょう。常識分野の知識は、ほぼ生活の中で得られる知識です。過去問などで出題例を見ておくといった最低限の対策は必要ですが、基本は毎日の暮らしの中で好奇心を持って物事を観察し、保護者がそれについて解説すれば対策としては事足りているといえます。知識を問う問題の多くは、知識のありなしとともに、その背景となっている知的好奇心と学習意欲を見極めるものでしょう。保護者の方は、お子さまのそうした知的好奇心や学習意欲をくじかないように後押ししてあげましょう。

【おすすめ問題集】
　Ｊｒ・ウォッチャー11「いろいろな仲間」、12「日常生活」

〈準　備〉　ロケットの絵が描かれた紙（3枚）、ハサミ、スティックのり、クーピーペン（12色）

〈問　題〉　3枚のロケットにそれぞれ色を塗ります。塗り終わったらハサミで切り取ります。同じ羽根のマークを合わせるように、羽根の裏にのりを塗って貼り合わせます。3枚を貼り合わせたら完成です。

〈時　間〉　適宜

〈解　答〉　省略

 アドバイス

例年あまり細かな説明はなく、見本を見て自分で考えて制作するようです。色を塗る、ハサミで切る、のりで貼る等、幅広く巧緻性を判断されます。また、制作途中の態度や制作後の後片付けも観られていることを忘れないようにしましょう。作品を丁寧に作ること、道具を正しく扱い、きちんとしまうこと、出したゴミはきれいに片付けること。全て同じように気を配れるよう指導してください。

【おすすめ問題集】
　ゆびさきトレーニング①②③、Ｊｒ・ウォッチャー23「切る・貼る・塗る」

問題11	分野：巧緻性

〈準　備〉　穴のあいたチップボール（厚紙）、紐（40cm程度）

〈問　題〉　この問題は絵を参考にして下さい。
　　　　　　6つの穴があいたチップボール（厚紙）に、図のように紐を通し、最後に蝶結びをしてください。

〈時　間〉　適宜

〈解　答〉　省略

 アドバイス

見本を見て、同じように穴に紐を通すだけですが、経験がないと混乱してしまうかもしれません。紐の通し方や結び方は過去にも出題されていますので、ご家庭でも練習しておくことをおすすめします。固結び、蝶結び、玉結びの3種類は必ず出来るようにしておきましょう。また、実際に手を動かすことでリラックス効果も得られますから、学習の合間にぜひ取り入れてみましょう。

【おすすめ問題集】
　ゆびさきトレーニング①②③

〈 準 備 〉　大きめのボール、ボールを入れるかご

〈 問 題 〉　**この問題は絵を参考にして下さい。**
①スタートの合図で真ん中の線まで、くま歩きで進んでください。
②真ん中の線から奥の線まで、くも歩きで進んでください。
③カゴからボールを取り、体の周りを３回回してください。終わったらボールを
　カゴに戻してください。
④真ん中の線までスキップで進んでください。
⑤真ん中の線から手を叩きながらスキップでゴールの線まで進んでください。

〈 時 間 〉　適宜

〈 解 答 〉　省略

 アドバイス

運動の内容は、一般的な入学試験で行われているものが多いので、それほど特別な対策は
必要ないでしょう。ごくふつうに運動ができれば問題はありません。それよりも、取り組
む姿勢の方が重要と言えます。指示が多めなので、しっかり聴いていないと混乱してしま
うかもしれません。また、自分の番が終わっても試験は続いています。最後まで気を抜か
ないように注意して取り組むよう指導しましょう。

【おすすめ問題集】
　Ｊｒ・ウォッチャー28「運動」、新　運動テスト問題集

問題13　分野：保護者アンケート

〈 準 備 〉　鉛筆、Ａ４の紙（１枚）

〈 問 題 〉　**この問題の絵はありません。**
地球環境問題について、ご家庭でどのような取り組みをしていますか。具体的に
お書きください。

〈 時 間 〉　20分

〈 解 答 〉　省略

 アドバイス

保護者アンケートは、お子さまの考査中に保護者が記入します。下書きは持ち込み不可で
すので、ある程度、練習しておく必要があるでしょう。2024年度の保護者アンケートは
例年と違っていたため、少々戸惑われた方もいたようです。アンケートや作文は、上手く
書こうと思いすぎて伝わりにくい文章になってしまっては意味がありません。伝えたいこ
とを絞り、強く訴えることを目標にしましょう。

【おすすめ問題集】
　新　小学校受験　願書・アンケート・作文　文例集500

問題14 分野：親子面接

〈 準 備 〉 なし

〈 問 題 〉 **この問題の絵はありません。**
父親へ
・志望理由と決め手になったことをお話し下さい。
・キリスト教との関わりはありますか。
・通学はお一人で来れる距離にお住まいですか。
・お父さまのお仕事・役職についてお話し下さい。
・今の自分の本質を形成しているものは何ですか。
母親へ
・普段のお子さまとの過ごし方、入学したら放課後はどのようにお子さまと過ごしますか。
・子育てやご家庭で、大切にされている方針を教えてください。
・キリスト教との関わりはありますか。
志願者へ
・名前、幼稚園・保育園名、担任の先生の名前を教えてください。
・仲良しのお友達と幼稚園・保育園ではどんな遊びをするか教えてください。
・お父さんと何をして遊ぶのが好きですか。教えてください。

絵画（指示絵画）：『お父さんとやってみたいこと』
・（保護者アンケートを記入中に子どもが描いた絵を見ながら）
・（子どもへ）描いた絵について説明して下さい。
・（父親へ）お子さまの話を聞いて良かった面と、改善する面をお話し下さい。

・（ニコニコした顔のカードを見せて）どんな時にこういう顔になるのか、お父さまとお子さまで話してください。
・（怒った顔のカードを見せて）どんな時にこういう顔になるのか、お母さまとお子さまで話してください。
・「乗り物」について、3人で話し合ってください。

〈 時 間 〉 適宜

〈 解 答 〉 省略

 アドバイス

2024年度の面接は例年通りお子さまが描いた絵を見ながら、それに関する質問を受ける他、表情が描かれたカードを使って親子で話し合う形式も取られました。家庭内の躾や素の姿があらわになりやすいため、家族間の意見をまとめておくとよいかもしれません。想定外の質問に戸惑わないためにも、弊社発行の「面接テスト問題集」「面接テスト最強マニュアル」等で対策されることをおすすめします。

【おすすめ問題集】
　小学校受験の面接Q&A、面接テスト問題集、保護者のための入試面接最強マニュアル

問題15 分野：記憶（お話の記憶）

〈準 備〉 鉛筆

〈問 題〉 お話を聞いて後の質問に答えてください。

明日は家族みんなで、おじいさんとおばあさんのお家へ泊りに行きます。おじいさんのお家は海の近くにあるので、とても楽しみです。お兄さんの一郎君、妹の花子さんは、それぞれ持っていくものを用意しました。お母さんはおじいさんと、おばあさんのために、お土産を買いに行きました。おじいさんは甘いものが好きなのでどら焼きを、おばあさんはおせんべいが好きなので、おせんべいを買いました。そして二人に素敵なTシャツも買いました。一郎君は虫取り網と、虫かご、トランプ、パジャマを用意し、花子さんは絵本や着替え、パジャマ、ままごと道具などをリュックに入れました。次の日の朝、みんなは朝早く起き、出発しました。お家から駅まではバスに乗り、駅からは新幹線に乗りました。新幹線は椅子を向かい合わせにして家族が向き合って座りました。新幹線の窓からは高いビルがたくさん見えていましたが、しばらくするとビルが段々と少なくなり、お家が多くなってきました。またしばらくすると、畑が多くなりました。外を見ていた一郎君が「あっ、菜の花がきれいに咲いている」と言いました。他にも桜がきれいに咲いていました。二人は朝早くに起きたので眠くなり、ウトウトと寝てしまいました。お父さんの「海が見えてきたぞ」という声で二人は目を覚ましました。降りる駅に着き、ホームに降りると、「花子、一郎」と呼ぶおじいさんの声が聞こえてきたので、みんなは手を振ってこたえました。そのとき、一郎君がハッとして「花子、虫とり網は？」と聞くと、花子さんは「あっ、新幹線の中に忘れてきちゃった。どうしよう」と泣きそうになりました。一郎君は「いいよ、仕方がないよ」と怒らずに許してあげました。

（問題15の絵を渡す）
①一郎君と花子さんの用意したもので同じものはどれでしょうか。○をつけてください。
②お母さんが買ってきたお土産に○をつけてください。
③一郎君の用意したものに○を、花子さんが用意したものに△をつけてください。
④新幹線に忘れ物をしたと聞いたときの一郎さんの顔はどんな顔でしたか。○をつけてください。
⑤新幹線の中から3番目に見えたものはどれですか。○をつけてください。
⑥新幹線に忘れてきたものは何でしょうか。○をつけてください。

〈時 間〉 各20秒

〈解 答〉 ①真ん中　②左端・真ん中　③○左から2番目・真ん中　△左端・右から2番目
④左から2番目　⑤右から2番目　⑥右端

[2023年度出題]

アドバイス

お話の内容は難しいものではありませんが、色々なものが出てくるため、しっかりと整理
をして記憶しないと答えることができません。また、解答が複数あるものが多いため、一
つ解答できたからと解答するのを止めずに、止めの指示があるまで取り組むように指導し
ましょう。この問題全体を通して、解くためには、集中力、記憶力、最後まで諦めない力
など、総合力が必要な問題といえます。このような問題の対策としては、読み聞かせを十
分に行い、基本的な力をつけると共に、日常生活では、指示を複数まとめて出すなど、取
り入れることをおすすめします。また、問題を解いている最中、お子さまが書く解答記号
にも着眼してください。この問題では解答記号に三角を使用していますが、しっかりと頂
点が書けているでしょうか。本人が三角と思っても、採点者が三角と認めなければ誤記号
として扱われてしまいます。頂点のあるものはしっかりと頂点を書くことを意識させてく
ださい。

【おすすめ問題集】
　１話５分の読み聞かせお話集①②、　お話の記憶　初級編・中級編、
　Ｊｒ・ウォッチャー19「お話の記憶」

問題16　分野：図形（回転図形）

〈 準 備 〉　鉛筆

〈 問 題 〉　左側の形を矢印の方へ、矢印の数だけ回すとどのようになりますか。右から選ん
　　　　　　で○を付けてください。

〈 時 間 〉　30秒

〈 解 答 〉　①右から２番目　②右端　③左端

[2023年度出題]

 アドバイス

この問題は、難易度が高い問題といえます。回転したあと、マス目に描かれてある記号の
位置関係がどのようになるかを把握するだけでなく、マス目の中の形の向きまで考えなけ
ればなりません。一番上の問題を例に解説をします。まず、一番左の列に描かれてある三
角に着眼して考えます。回転は右に１回ですから、回転後は三角形が最上段の左から２番
目に来ます。この時点で右端が選択肢から除外されます。次に記号の向きを見ると左から
２番目は逆になっているので選択肢から除外します。残された選択肢は２つですから、今
度はその２つを比較します。このとき矢印の向きだけが違うことに気がつくと思います。
解答を見つけるためには矢印の向きの正しいものが正解となります。このように、描かれ
てある記号を全て比較しなくても、解答を導き出すことはできますが、先ずは、論理的に
どうなるのかをしっかりと理解することに努めることをおすすめいたします。

【おすすめ問題集】
　Ｊｒ・ウォッチャー５「回転・展開」

小学校の入学試験でひらがなを出題する学校は限定されており、当校はその中の一つとなります。まず、描かれてある絵の名前が正しく言えることが第一段階となり、その上でひらがなを読めることが求められます。しかし、ひらがなが出題されているからといって、文字の学習にばかり集中してしまうと、他の問題の学習が疎かになってしまいます。このような学習は、日常生活を通して身につけていくとよいでしょう。おすすめは、日用品などに名前を書いたものを貼り、お子さまが視覚で捉えられるようにすることです。このような方法を取り入れることで、日常生活で文字に触れる機会が増え、試験対策としても有効になります。物の名前については、この問題に限らず、小学校の入学試験では頻出分野の一つですから、物の名前は言えるようにしておきましょう。

【おすすめ問題集】
　Ｊｒ・ウォッチャー17「言葉の遊び」、18「いろいろな言葉」

アドバイス

指示が複数出ていますが、しっかりと理解をして解答できたでしょうか。当校の問題の特徴の一つとして、複数の指示が出される問題が多いことが挙げられます。これは指示行動に限定したことではなく、ペーパーテストでも頻出していますので、しっかりと聞き取りに対応する力は身につけておきましょう。しりとり自体は難しいのもではありません。出題では、四角の絵からしりとりを始める指示が出ていますが、解き方としては必ずしも四角から始めなければならないとは限りません。残された選択肢の中でしりとりをし、つながらない絵が解答になります。このようなことは保護者の方が解き方を教えるのではなく、お子さま自身で解答方法を発見するように導いてあげてください。その後、使用しなかった絵の最後の音をつなげてできるものを下から選びますが、このとき、指示された解答記号以外のものを書いていないかチェックしましょう。これは、書き始めも含めて確認してください。

【おすすめ問題集】
　　Ｊｒ・ウォッチャー49「しりとり」、60「言葉の（音）」

問題19　分野：常識

〈 準 備 〉　鉛筆

〈 問 題 〉　スーパーの中にはペットボトル、プラスチックのトレー、牛乳パックなど、捨てる物によって違う箱が置いてあります。お店に買い物に来た３匹の動物が話をしていました。
・ウサギが言いました。「トレーを入れる箱にペットボトルを入れてもいいんだよ」
・ネコが言いました。「リサイクルする物ならどこに入れてもいいんだよ」
・ペンギンが言いました。「ペットボトルやトレーは入れるところが決まっていてそこに入れるんだよ。牛乳パックも決まったところに入れるんだよ」
正しいことを言っている動物に〇を付けてください。

〈 時 間 〉　10秒

〈 解 答 〉　〇ペンギン

[2023年度出題]

 アドバイス

この問題は、日常生活に密着した出題です。ですから、日頃、ゴミを分別して捨てているご家庭のお子さまにとりましては身近な内容になりますから、すんなりと解答することができたでしょう。近年、このような常識に関する出題の解答時間は短くなっている傾向にあります。その理由は、コロナ禍の生活が増え、その分、ご家庭内での取り組み、保護者の方の躾観などがお子さまに強く影響していることが挙げられます。その様な背景から、常識に関する問題は、考えて解答するというよりも、普段している体験に基づいて解答することが増えています。例えば、車内でのマナーについても、「いけない子に」と出題されることが頻出ですが、「お家の方にいけないといわれていることはどれか」という出題に変更した場合、お子さまの正答率は下がります。このような盲点があることを考慮し、日常生活を見直してみましょう。その中の対策の一つゴミの分別ということになります。

【おすすめ問題集】
　　Ｊｒ・ウォッチャー12「日常生活」、56「マナーとルール」

〈 準 備 〉　鉛筆

〈 問 題 〉　①ネコとサルが鶴を折っています。ネコは鶴を４つ折りました。サルはネコより
　　　　　　　３つ多く折りました。サルの折った数だけ右の四角に○を書きましょう。
　　　　　　②シュウマイの上にグリンピースを１つずつ載せました。シューマイを１個ずつ
　　　　　　　乗せるには、右のどのお皿を選べばよいでしょうか。その皿を見つけて○を付
　　　　　　　けてください。
　　　　　　③水の入ったコップに氷を入れて、水の高さを同じにしました。２番目に水が多
　　　　　　　く入っているコップに○を、３番目に多く入っているコップに△を、４番目に
　　　　　　　多く入っているコップに×を付けてください。

〈 時 間 〉　40秒

〈 解 答 〉　①７つ　②左端（５枚の皿）　③○右から２番目　△左から２番目　×真ん中

[2023年度出題]

 アドバイス

量、数に関する出題ですが、①はしっかりと問題を聞き、頭の中で数の操作をしなければ
なりません。この作業は読み聞かせの力（想像力）が大きく影響します。しっかりと読み
聞かせを行い、頭の中で想像する力を身につけてください。②の問題は、シュウマイの方
が少ないため、グリンピースを乗せたシュウマイは５つしかできません。ですから解答も
５枚のお皿を選ぶことになります。このことに気がついていれば、シュウマイ＝お皿の数
となることが分かると思います。③は言葉で説明をしても、なかなか理解できないと思い
ます。実際に氷を使用して実験をし、その後、説明をしてあげてください。そして、出題
では○番目と順番を示す言葉が出てきます。この順番を示す言葉を逆から言った場合、対
応できるでしょうか。物が５つあるとき、４番目に多いものは、２番目に少ないものと言
い換えることができます。このような言い換えも理解できるようにしておきましょう。

【おすすめ問題集】
　　１話５分の読み聞かせお話集①②、
　　Ｊｒ・ウォッチャー14「数える」、15「比較」、27「理科」

〈 準 備 〉　鉛筆

〈 問 題 〉　左の絵を見てください。ここに書かれてある絵を、白いものを黒く、黒ものは白
　　　　　　くするとどのようになりますか。右から選んで○を付けてください。

〈 時 間 〉　30秒

〈 解 答 〉　①左から２番目、②右端、③左端

[2023年度出題]

アドバイス

この問題も先ほど述べた回転の問題の解き方と考える順番は同じです。このような図形の問題の場合、お子さま自身で答え合わせをさせることで、問題に対する考え方の理解が早まります。方法は、クリアファイルを問題の上に置き、ホワイトボード用のペンで上から問題で示されたように、白黒を逆にしてなぞります。その後、クリアファイルを選択肢の上に移動させれば、正解かどうかが分かります。間違えていたときは、どこが違ったのかを確認し、合っていた場合は他の選択肢はどうして違うのかを説明させます。そのように説明させることで、お子さまの論理的思考力を伸ばすことができます。ぜひ、取り入れてみてください。このクリアファイルを使用した答え合わせは、図形の問題全般に応用が可能です。時間がかかるかもしれませんが、理解度は確実に上がります。論理的思考力を要する問題は、言葉で説明し理解させることが難しいため、このような方法を取り入れることをおすすめします。

【おすすめ問題集】
　　Ｊｒ・ウォッチャー29「行動観察」、56「マナーとルール」

問題22　　分野：行動観察（間違い探し）

〈 準 備 〉　12色のクレヨン

〈 問 題 〉　この問題は９人１組で行われました。
　　　　　この２枚の絵をよく見てください。同じ絵が描いてあります。しかし、中には違う絵が描かれてある場所もあります。その場所が分かった人は手を挙げてください。先生に言われた人は、先生の前まで来て棒を使って違う場所を教えてください。

〈 時 間 〉　１分

〈 解 答 〉　カニ→ザリガニ　時計→針の位置　ヒマワリ→葉　イカ→足の数
　　　　　コスモス→花弁の数　ニワトリ→とさかがない　左手→右手

[2023年度出題]

 アドバイス

たくさんの絵が描かれてあるため、よく観ないと違いが判別できません。注意力、観察力、集中力、積極性が求められる問題です。このような集中力を要する問題を集団で行うことはお子さまに取りまして、非常に難しい内容となります。また、人前で発表するため、消極的だと、参加することができず、積極性という面でチェックが入ってしまう可能性があります。普段、学習をしている際、正解ばかり求めすぎている場合も、お子さまの積極性は失われてしまいますから、正解ばかりを求めず、意見が積極的に言える環境を意識してください。また、このように比較したり、数えたりする問題は他にも多々ありますが、どの場合も、観る（数える）方向を同じにしておくことをおすすめします。常に方向を一定にしておくことで効率よく作業を行うことができます。

【おすすめ問題集】
　　Ｊｒ・ウォッチャー29「行動観察」、58「比較②」

〈 準 備 〉　大きさの違う箱、ビル、ウサギ、電車、車が描かれた旗、三角コーン

〈 問 題 〉　この問題は6人1組で行われました。
　　　　　　今から4つの旗のある場所を歩いて、全部、周ってもらいます。このとき、
　　　　　　・ビルの旗のところでは、置いてある箱を倒れないように高く積み、ビルを建て
　　　　　　　てください。
　　　　　　・車の旗のところでは、アザラシのポーズでコーンと旗を一周します。
　　　　　　・電車の旗のところでは、誕生日の早い順番か、背の高い順番に話し合って並び
　　　　　　　ます。
　　　　　　・ウサギの旗のところでは、ジャンプ、ロケット、フラミンゴのポーズをしま
　　　　　　　す。
　　　　　　どの旗の所から回るかはみんなで話し合って決めてください。全部の旗のところ
　　　　　　を周り終わったら、時間がくるまで輪投げをして遊んでいてください。

〈 時 間 〉　適宜

〈 解 答 〉　省略

[2023年度出題]

 アドバイス

それぞれの場所で何をするかしっかりと覚えていたでしょうか。また、問題自体は特に難しいことはありませんが、実際の入試では、初めて会ったお友達との共同作業になります。実技に対する積極性、話し合いへの参加の積極性、集中力、体力、協調性、終わった後の態度まで、総合的にお子さまの力が求められます。特にコロナ禍になってからは、こうした共同作業をする経験が少なくなっている影響もあり、お子さまの差が大きく出る分野の一つとなっています。話し合いを苦手とするお子さまが増えていますが、なかなかお友達と積極的に遊ぶという環境も作りにくいことから、家族間での日常会話を多く取ることを意識してください。お友達同士なら、敬語を用いた会話は必要ありませんが、先生との会話においても同じでは困ります。こうしたことも生活の中でしっかりと身につけるようにしてください。

【おすすめ問題集】
　　Ｊｒ・ウォッチャー29「行動観察」

問題24　分野：巧緻性（制作バックつくり）

〈準 備〉　ハサミ、のり、クーピーペン12色、紐2本、ビーズ2個、パンチで2カ所穴を開けた水色の画用紙2枚、緑・青・赤の縦長の紙、卵の殻（下半分）を描いた絵

〈問 題〉　**この問題の絵は縦に使用して下さい。**
　　　　　今からお手本（問題24）を見ながらバックを作ります。
　　　　　・まず、水色の紙2枚を穴の空いた部分が同じ場所になるように重ねます。左右、下の部分に緑、青、赤の紙にのりをつけ、重ねた紙が袋になるように貼ってください。はみ出した部分は切ってください。
　　　　　・卵の殻の絵を切り取り、青い紙に貼ってください。貼ったら、卵の割れた所にひよこの絵を描いてください。
　　　　　・紐にビーズを通し、紐をそれぞれの紙の穴に通して片結びをしてください。2本ともやってください。バックの出来上がりです。
　　　　　（お手本は各自に配られました）

〈時 間〉　20分

〈解 答〉　省略

[2023年度出題]

 アドバイス

試験ではお手本が手元にあるので、説明を聞きながらお手本を見ることができました。指示された作業をしっかりと覚え、作業ができたでしょうか。このような制作の問題の場合、作ることに意識が集中してしまいがちですが、切った後のゴミや、使用した後のハサミの状況など、作業以外のことにも注意は必要です。このようなことは普段から意識をして取り入れていなければいけせん。特に、コロナ禍になってから、このような課題内容以外のことで差がつくことが多くなってきていると言われています。巧緻性に関する力は、経験を積まないとなかなか上達しない分野と言われています。対策としては、何を作るかではなく、行程作業として何をしたかに重点を置いて練習をします。その上で、出題されている作業を生活の中でも多く取り入れるようにしましょう。作った作品は、ご家庭内に飾る等することで、やる気もアップさせましょう。

【おすすめ問題集】
　　ゆびさきトレーニング①②③、Ｊｒ・ウォッチャー23「巧緻性 切る・貼る・塗る」

家庭学習のコツ①　**「先輩ママたちの声！」を読みましょう！** ──────

本書冒頭の「先輩ママたちの声！」には、実際に試験を経験された方の貴重なお話が掲載されています。対策学習への取り組み方だけでなく、試験場の雰囲気や会場での過ごし方、お子さまの健康管理、家庭学習の方法など、さまざまなことがらについてのアドバイスもあります。先輩ママの体験談、アドバイスに学び、ステップアップを図りましょう！

問題25 　分野：アンケート記入

〈準 備〉　なし

〈問 題〉　**この問題の絵はありません。**
　　　　　面接直前、受験者は絵を描き、保護者はアンケートを記入します。
　　　　　（面接直前20分）

　　　　　アンケート内容（グループによって内容は異なる）
　　　　　・コロナ禍において子どもにどんな力をつけるべきだと考えますか。具体的にお書きください。
　　　　　・子どもが泣きながら帰宅をしましたが、その理由を話しません。その様なときは、どう対処しますか。具体的にお書きください。
　　　　　・親の期待通りに育っていないと感じた時、どのように考えますか。具体的にお書きください。
　　　　　・受験者名、保護者名（続き柄）、生年月日、勤務先、部署名、役職、最終学歴、併願校、同居者名（続きがら、勤務先、学校名）、通塾名と年数。
　　　　　・子育てで小学校の役割と、家庭の役割をどう考えますか。具体的に書いてください。

〈時 間〉　30分

〈解 答〉　省略

　　　　　　　　　　　　　　　　　　　　　　　　　　　　　　　　　[2023年度出題]

 アドバイス

作文、アンケートは保護者の方が頭を悩ませる課題の一つだと思います。保護者の方は、より上手く書こうという意識が強く働くと思います。学校側が、アンケートで知りたいことは、保護者の方の考え、躾観がメインであり、正解を求めているのではありません。むしろ、普段実践していないことを書こうとすると、文章に無理、矛盾が生じる可能性が出てきます。試験だからとよいことを書こうとするのではなく、問われていることを理解し、生活そのものに落とし込んで対策をとることをおすすめします。そうすることで、強いメッセージを学校側に送ることができます。提出物を書くときは、読み手のことを考え、文字の大きさ、言葉遣い、分量をしっかりと考慮して書きましょう。そのようなことも観られていると考えて良いでしょう。誤字、脱字はないに超したことはありませんが、過剰に意識する必要はありません。

【おすすめ問題集】
　　新 小学校受験 願書・アンケート・作文 文例集500

〈準備〉　なし

〈問題〉　この問題の絵はありません。

志願者へ
・名前、年齢、誕生日を教えてください。
・幼稚園、保育園の先生とお友達2名の名前を教えてください。
・幼稚園ではどのような遊びをしているか教えてください。
・何の絵を描いたか説明をしてください。
・（用意された3枚の絵を提示され）この絵を見てお話を作ってください。

父親へ
・お子さまが描いた絵について、良い点、褒める点、改善点があればお子さまに話してあげてください。
・お子さまの特徴について教えてください。
・どのようなお仕事をされているか説明をしてください。
・学校でお子さまに何かがあったとき、どなたが迎えに来られますか。

母親へ
・お子さまのしたことについて、お子さまに質問などをしてお話をしてください。
・併願校について教えてください。

〈時間〉　30分

〈解答〉　省略

[2023年度出題]

 アドバイス

面接につきましては、学校別の対策はありません。面接で大切なことは、美辞麗句を並べることではなく、発言者の意識、想いが言葉に乗ることです。また、お子さまの注意点はは集中力の持続、目を見て話すこと、言葉遣いなど、基本的なことになります。実際の面接テストは、想像以上に緊張します。ですから、その場しのぎで何とか、という考えは通用しません。考えなくても回答がすらすらと出てくるような生活を送ること、考えを持つことが一番の対策になります。普段していることなら、自信をもって答えることもできると思います。面接テストではこのような事を観察しています。面接の対策につきましては、弊社発行の面接テスト問題集（お子さま用）、面接テスト最強マニュアル（保護者用）を、お勧めいたします。実際の面接テストでのチェックポイントやアドバイスがたくさん書いてありますので、ぜひご覧ください。

【おすすめ問題集】
　　小学校受験の面接Q＆A、面接テスト問題集、入試面接最強マニュアル

問題27 分野：言語（文字と絵の一致）

〈準　備〉　クーピーペン（赤）

〈問　題〉　絵を見てください。文字のカードといろんな絵が描いてあります。
　　　　　絵と文字の関係のあるものどうしを線で結んでください。

〈時　間〉　30秒

〈解　答〉　下図参照

［2022年度出題］

 アドバイス

当校の試験では、ひらがなが読める、ことばの意味が理解できることが求められます。このような出題は他校ではあまり見られず、当校の試験の特徴の一つと言えるでしょう。2022年度の場合、ひらがなを書かせることは出題されていませんが、名称とひらがなを正しく結び付ける問題が出題されています。しっかりとひらがなを覚え、練習をしてください。また、この問題は、円形に並べられたものを線でつなぎます。いきなり線を引き始め、途中で迷ってしまうと、解答用紙が線で汚くなってしまいます。そうなると、どれとどれとを結び付けているのか、採点者が判断できなくなってしまいます。問題を解く際、採点者が分かるように解答をすることも重要です。このような問題の場合、先ずは頭の中で解き、どれとどれをつなげるか決めた上で、線を引き始めることをおすすめします。

【おすすめ問題集】
　　Ｊｒ・ウォッチャー11「常識　いろいろな仲間」、18「言語　いろいろな言葉」、
　　26「文字・数字」

〈 準 備 〉　クーピーペン（赤）

〈 問 題 〉　上の絵を見てください。文字のところに●がついています。
　　　　　　その●のところの音をつないでできる言葉を線で結んでください。

〈 時 間 〉　1分

〈 解 答 〉　下図参照

[2022年度出題]

 アドバイス

前問と同じように、ひらがなを認識し、図と単語を一致させることが求められます。前問と違うのは、上に書かれた文字の、指定された音をつなげてできる、生き物の名前と絵を結び付ける必要があります。さらに、上の絵は順番に並んでいません。印がついた文字を組み替えて名前を見つけなければなりません。こうした文字の並び替えの他にも、下の生き物の名前が判っているか、線がしっかりと書けているか等の要素も求められることから、前問よりも難易度が高い問題といえるでしょう。この際、上の絵の数が生き物の名前の文字数になることを考えると、カエルだけは3文字ですから、解く時間を省略することができます。このように、選択肢を減らしてから別の問題に取り組む、といった着眼点も大切です。また、学習として取り組むよりも、言葉遊びとして楽しく取り組む方が苦手意識を持たずにできると思います。

【おすすめ問題集】
　Ｊｒ・ウォッチャー17「言語　言葉の音遊び」

〈 準 備 〉　クーピーペン（赤）

〈 問 題 〉　この絵の中でお料理をする時に使うもの全部に○をつけてください。

〈 時 間 〉　30秒

〈 解 答 〉　下図参照

[2022年度出題]

 アドバイス

今回は料理に使う道具に関する問題です。生活の中で道具を使用することは多々あると思います。この問題は、単に料理に関する道具の名前を覚えるというよりも、日常生活におて使用する道具の名称と使用方法などを求める問題として捉えてください。こうした出題をする学校側の意図は、「生活体験に基づく知識を問う」ことです。こうした学校側の意図をくみ取り、日常生活に落とし込んで対策を取りましょう。日常生活に関する物は、単に名前を覚えるだけでなく、使用方法までセットで覚えましょう。この問題を広義にとらえていくと、職業とそれに関連した物や道具、料理と材料など、関連づける内容に発展させることができます。

【おすすめ問題集】
　Ｊｒ・ウォッチャー11「常識　いろいろな仲間」

問題30 分野：数量（比較）

〈準 備〉 クーピーペン（赤）

〈問 題〉 ①上の段を見てください。2つの箱を紐で結んであります。2つの箱の紐全部の長さを
比べると、どちらが長いでしょうか。長い方に〇をつけてください。
②下の紐で一番短い紐に〇をつけてください。

〈時 間〉 1分

〈解 答〉 下図参照

[2022年度出題]

 アドバイス

ひもの長さを問う問題です。このような問題の場合、保護者の方が採点をするのではな
く、お子さま自身が実際に積み木や箱をひもでくくり、その長さを比べてみるとよいでし
ょう。具体物を使用し、自ら比較することで、このような問題に対して、どこに着目すれ
ばよいのか、お子さま自身で気付くことが出来ます。こうしたことを繰り返し体験するこ
とで、スムーズに解答できるようになってきます。お子さま自身で解答を検証し学習を進
めることは、数量図形の分野においても効果を発揮します。
また、問われている内容を正しく理解できているかもチェックしてください。正しく比較
ができていても、答えるものを間違えていては正解を導けません。

【おすすめ問題集】
Ｊｒ・ウォッチャー15「数量 比較」

問題31　分野：数量（対応）

〈準　備〉　クーピーペン（赤）

〈問　題〉　①ネズミが〇のところに入ります。〇のところには１匹しか入れません。どちら
　　　　　　がいくつ余るでしょうか。余った方の絵全部に〇をつけてください。
　　　　　　②手袋をはめたとき、手と手袋どちらが少ないですか。少ない方の絵に〇をつけ
　　　　　　てください。
　　　　　　③これからご飯を食べますが、あと、箸が何本あったら全員食べられるでしょう
　　　　　　か。その数だけ下の□に箸のような線を書いてください。
　　　　　　④〇１つと△３つをひとつにまとめたとき、どちらがどれだけ足りないでしょう
　　　　　　か。足りない数だけ、下にその形で書いてください。

〈時　間〉　１分

〈解　答〉　下図参照

[2022年度出題]

 アドバイス

数量に関する様々な内容がこの問題の中に納められています。①は比較、②はペアリング
をした上での比較、③は補数に関する内容、④は一対多数の比較です。②の問題は、手袋
をはめたときと条件が指定されていることをしっかりと聞き取り、理解し、対応できてい
たでしょうか。④は〇１つと△３つという、条件の違うもののペアリングとなります。こ
の問題もよく見ると、生活に関係することが多く含まれており、生活体験に基づく出題と
いう当校の傾向がよく汲み取れる内容といえるでしょう。先ずは、数を早く、正しく数え
ることができるか、その上で出題されたことを理解し対応できるかが問われます。焦ら
ず、しっかりと取り組むことと共に、問題を解く際、自分に置き換えて解くようにする
と、イメージがしやすいと思います。

【おすすめ問題集】
　　Ｊｒ・ウォッチャー40「数を分ける」、42「数量　１対多の対応」、
　　43「数量　数のやりとり」

〈準　備〉　クーピーペン（赤）

〈問　題〉　この問題の絵は縦に使用してください。
それぞれの段で上に描いてある絵は、あるお約束で並んでいます。
抜けているところには下のどの形が来るでしょうか。左から、初めの□に来る絵には○
を、次の□に来る絵には△を下の絵に書いてください。

〈時　間〉　5分

〈解　答〉　下図参照

[2022年度出題]

 アドバイス

図形の系列について、規則性を探す問題です。いかにルールを早く見つけることができる
か、がポイントとなります。答え合わせをする前に、お子さまに、どうしてこの答えになっ
たのか、それぞれの問題の規則性をきいてください。この解答を導き出すまでのプロセ
スがしっかりと出来ていることが大切です。このような系列の問題を解く際、両手を使っ
て同じ絵を指で差していく方法、頭の中で名前を言うことで規則性を見つける方法など、
さまざまな方法がありますが、上に挙げた二種類の方法はできるようにしておくとよいで
しょう。本問は難易度が高いため、まずは問題集などを利用し、簡単なものから練習を重
ねるとよいでしょう。

【おすすめ問題集】
　Ｊｒ・ウォッチャー6「数量　系列」

〈 準 備 〉 クーピーペン（赤）

〈 問 題 〉 左の絵を見てください。上2つは、折り紙を2つに折って黒いところを切り取りました。
元の折り紙を開いたとき、どのようになっているでしょうか。右側から探して正しい形に〇をつけてください。
下2つは4つに折って黒いところを切り取りました。同じようにやってください。

〈 時 間 〉 30秒

〈 解 答 〉 下図参照

[2022年度出題]

 アドバイス

まずは、一枚の紙を二つ折りにして切り取った場合、どのようになるのかをしっかりと理解していることが大切です。折り目部分とそうでない所を切り取り、展開したときどのようになるのかをお子さま自身に発見させてください。自分で発見することで自信へとつながりやすくなります。こうした規則性をしっかりと理解していないと、その先の発展問題は解答することはできません。折り目の部分を切り取ると、展開したときに面積が倍になり、折り目から離れている部分を切り取った場合、展開すると切り取った部分は離れる、ということをしっかりと理解しましょう。これは両手を使用して指導することが可能です。片方の掌を上にし、その上に反対の掌を重ねます。そして、小指をくっつけた状態で上の掌を開きます。小指はくっついたままですから指が太くなり、親指は左右に大きく開きます。四つ折りの場合、この作業が2回繰り返されることになります。

【おすすめ問題集】
Ｊｒ・ウォッチャー5「図形 回転・展開」、46「図形 回転図形」、
54「図形の構成」

〈 準 備 〉　クーピーペン（赤）

〈 問 題 〉　真ん中の積み木を4つの方向から見たときに、どのように見えるでしょうか。
　　　　　　それぞれの記号を下の絵に書いてください。

〈 時 間 〉　3分

〈 解 答 〉　下図参照

［2022年度出題］

 アドバイス

積み木の四方からの観察の問題は、積まれた積み木の特徴を見つけることから始まります。その特徴がどのようになっているかを中心に、選択肢と比べていきます。また、手前（この場合前面）から見たときの個数、奥行きの個数、それぞれの高さ、がどうなっているかを観ていきます。大切なことは、問題を解く際、見方（考え方）を一定にすると混乱を避けることができます。そのようにして問題を解いたあと、お子さまに、テーブルなどの上に問題の積み木と同じように積ませます。自分自身で積み木を積むことで、その形の特徴を把握することができます。そのあと、実際に積んだ積み木を、四方から観察してみるとよいでしょう。縦横の積み木の個数や向きを考え、各方向から見た形の特徴を捉えることができるようになると素早く解答することができるでしょう。

【おすすめ問題集】
　　Ｊｒ・ウォッチャー53「図形 積み木編 四方からの観察」

問題35 分野：巧緻性（制作）

〈 準 備 〉　クーピーペン（赤）、はさみ、のり、だいだい色の紙、黄色い紙

〈 問 題 〉　ここにある材料を使って、絵を見ながら作ってください。

〈 時 間 〉　10分

〈 解 答 〉　省略

［2022年度出題］

アドバイス

運動・面接・巧緻性など、自分の手や身体を動かすものは、お子さまの経験量に比例して
上達します。他の分野のような、急にできるようなになるポイントはありません。そのた
め、学習だけではなく、遊びにもこれらの作業を取り入れ、体験量を増やすようにすると
よいでしょう。また同時に、道具の正しい使用方法、例えば、ハサミの受け渡し方法、使
用後の置き方なども指導してください。ハサミが開いたまま置いてあると、他のお友達が
怪我をする可能性があります。巧緻性の問題は、後片付けも観点の中に入っています。で
すから、使用後のゴミなども片付けるようにしましょう。

【おすすめ問題集】
　　ゆびさきトレーニング①②③
　　Ｊｒ・ウォッチャー23「切る・貼る・塗る」

問題36　分野：運動

〈 準 備 〉　コーン、フラフープ

〈 問 題 〉　【模倣体操】（全員でおこなう）
　　　　　　今から準備体操をします。私（出題者）と同じように、体を動かしてください。
　　　　　　①両手を広げてください。
　　　　　　②その場でジャンプをしてください。
　　　　　　③（ジャンプをしながら）それでは、右にグルグル回りながらジャンプをしてく
　　　　　　　ださい。次に、左にグルグルまわりながらジャンプをしてください。

　　　　　　ここからは、私のポーズをまねしてください。
　　　　　　④両腕を横に広げて、片足で立って、カカシのポーズをしてください。
　　　　　　⑤片足で立ち、両手を広げて体は前へ、あげている方の足は後ろへ。
　　　　　　　飛行機のポーズをしてください。

　　　　　　【基本運動】
　　　　　　先生の指示にしたがって、カラーコーンの間で実施する。
　　　　　　今からグループに分かれて競争をします。線のところからスタートして、ゴール
　　　　　　まで来たら、列の１番後ろに並んで、自分の番になるまで座って待っていてくだ
　　　　　　さい。
　　　　　　・クマ歩き
　　　　　　・スキップ
　　　　　　・ケンケンパ
　　　　　　・10メートル走

〈 時 間 〉　８分

〈 解 答 〉　省略

[2022年度出題]

アドバイス

2021年度は感染症対策として一部の入試は校外で行われたのですが、運動のテストも行われたようです。内容は例年ほとんど同じで特に練習が必要なものでもありません。目立つ必要はないので、指示を聞き、正しく理解してから行ってください。気になるようなら練習をしておいてもよいですが、運動能力のテストではないので、「できる・できない」を気にする必要はありません。競走やゲーム形式のものでも勝敗は評価にほとんど関係ないということを知っておきましょう。

【おすすめ問題集】
　新運動テスト問題集、Ｊｒ・ウォッチャー28「運動」

問題37　分野：面接（保護者面接・幼児面接）

〈 準 備 〉　なし

〈 問 題 〉　**この問題の絵はありません。**
　　　　　　保護者へ
　　　　　・お父さまのお仕事についてお聞かせください。
　　　　　・お子さまと出かけた時に気を付けていることについてお聞かせください。
　　　　　・お子さまが描いた絵の良いところと、工夫が必要だと思う点についてお聞かせください（子どもはクレヨンを使用して友達と遊んでいる絵を描くように指示されています）。
　　　　　・イエス様についてお聞かせください。

〈 時 間 〉　10分程度

〈 解 答 〉　省略

[2022年度出題]

 アドバイス

保護者の方に対する質問ですが、お子さまに関する内容が多く問われています。これは日頃からお子さまと関わらないと、回答できませんし、仮に回答したとしても、発言した言葉に力がありません。面接テストに関しては、弊社発行の「面接テスト問題集」（お子さま用）、「面接テスト最強マニュアル」（保護者面接用）のアドバイスを是非参考にして頂きたいと思います。面接官は、回答者が発した言葉が日々の実践に基づくものか、試験のために美辞麗句を並べたものか、判ります。後者の場合、いくら良い回答をしても、面接官の心まで響きません。面接を受ける方は、回答する内容を意識しますが、面接官はその言葉の背景を観ています。そのため、質問項目をしっかりと理解し、生活に落とし込んで対策をとることをおすすめいたします。

【おすすめ問題集】
　小学校受験の面接Q＆A、入試面接最強マニュアル

〈準備〉　なし

〈問題〉　この問題の絵はありません。
　　　　　子どもを育てるうえでの、小学校の役割と家庭の役割について、「浦和ルーテル学院小学校が求める子ども及び保護者」の像を理解し具体例を挙げて家庭の考えを書く。

〈時間〉　適宜

〈解答〉　省略

[2022年度出題]

 アドバイス
─────────────────────────────

みなさまが当校の教師であったら、このタイトルの場合、どのようなことを観ようと思いますか。それを考えたときの解釈は間違っていないと思います。このタイトルなら、当校をしっかりと理解して志望しているかどうか、が観点の一つです。学校側はこうした考えを持ったご家庭に志願して頂きたいという狙いを見て取ることができます。そのような分析ができたら、その考えから外れないようにご家庭の考えをしっかりと伝えてください。今回は具体例を挙げて、と出題されていますから、アンケートに書かれる内容は一つに絞って書くことをおすすめいたします。複数の内容を盛り込むと、何が言いたいのか伝わらない作文になってしまう恐れがあります。また、文章は書き慣れていないと、分量、バランスを考えながら書くことは難しいと思います。よく「起承転結」と言われますが、「結起承」「結起承転」で書いてもよいと思います。一番重要なことは結論ですから、大切なことを先に書くことで、言い足りなかった、余ってしまったなどということを回避することが可能です。

【おすすめ問題集】
　新　小学校受験　願書・アンケート・作文　文例集500

〈準備〉　鉛筆

〈問題〉　上の段を見てください。四角が並んでいます。今からこの四角に自分の名前を書きます。私の名前は「やまだはなこ」ですから、このように「や」「ま」「だ」「は」「な」「こ」と書きます。間違えてしまった時は、間違えたところに×を書いて、その上に書き直してください。
　　　　　それでは、下の段に自分の名前を書いてください。

〈時間〉　40秒

〈解答〉　省略

[2021年度出題]

アドバイス

志願者自身に名前を書かせる問題です。独特の問題ですが、漢字が書けたりする必要はなく、自分の名前がひらがなで書け、読みができれば問題ありません。ですので特別な対策は必要ないでしょう。この問題の答案用紙に自分の名前を書いて練習しておいてください。鉛筆の持ち方や書く時の姿勢などは以外にチェックされていますから、お子さまに気になる点があれば、その際に指導するようにしましょう。

【おすすめ問題集】
　　Ｊｒ・ウォッチャー26「文字・数字」

問題40　　分野：分野：推理（系列）

〈準　備〉　鉛筆

〈問　題〉　①（問題40-1の絵を出す）左の四角の「●」「▲」「◎」が書いてあるところにはどの野菜が入りますか。正しい組み合わせを右の四角から選んで〇をつけてください。
　　　　　②（問題40-2の絵を出す）左の四角の「●」「▲」「◎」が書いてあるところにはどの動物が入りますか。正しい組み合わせを右の四角から選んで〇をつけてください。

〈時　間〉　各1分

〈解　答〉　①下から2番目　②1番上

[2021年度出題]

 アドバイス

系列は記号や絵の並んでいるパターンを発見する問題です。具体的に言うと「〇△□〇△□？」という系列で「？」になっているところに何の記号が入るか、といった問題です（答えは「〇」です）。この問題では、10以上の野菜や動物が並んで1パターンになっています。これを把握するのはよほどの記憶力がないと無理ですから、実際の解き方は「●の前はダイコンだから、ほかのところのダイコンの後はクリで…」と考えていくしかないでしょう。考えすぎるとかえって難しくなってしまう問題ですから、ほかのところでどのように並んでいるかに注目して、答えが出せればそれでよしとしてください。

【おすすめ問題集】
　　Ｊｒ・ウォッチャー6「系列」

〈 準 備 〉　鉛筆

〈 問 題 〉　それぞれ左の絵のように折り紙を折り、黒く塗ったところを切り取ります。折り紙を開いた時、どのようになるでしょうか。右の４つの中から選んで〇をつけてください。

〈 時 間 〉　1分

〈 解 答 〉　①右上　②右上

[2021年度出題]

 アドバイス

展開の問題です。②のようにやや複雑なものもあるので注意してください。展開の問題は「折った線の線対称に切り取った形が線対称（左右逆）にできる」ということが理解できればほとんどの問題に答えられますが、お子さまに言葉で説明しても、まず理解できません。手間はかかりますがやはり実物を見せて理屈を理解してもらいましょう。たいていは「折った紙の一部を切り取る→開く」という作業を何度か見せれば仕組みが理解でき、こうした問題も直感的に答えられるようになります。

【おすすめ問題集】
　Ｊｒ・ウォッチャー5「回転・展開」

問題42　分野：数量（１対１の対応）

〈 準 備 〉　鉛筆

〈 問 題 〉　左の四角に描いてあるソフトクリームに１つずつサクランボを載せるには、右のどのお皿を選べばよいでしょうか。〇をつけてください。

〈 時 間 〉　30秒

〈 解 答 〉　下図参照

[2021年度出題]

アドバイス

数量の問題です。当校の入試の数量はさまざまな切り口で出題されるのですが、観点は大きく分けて２つです。①10以下の数であれば、ひと目見ていくつあるのかがわかること。②２つの集合（塊）のどちらが多い、少ないといったことがわかるということです。ここでは１対１の対応、つまりセットにした時に当てはまるものを選ぶという問題ですが、要は左の四角に描いてあるソフトクリームの数とサクランボの数が同じになればよい、ということになります。ここで指折り数えて答えを出すよりも、ひと目見ていくつあるかがわかった方が当然早く答えることができ、数え間違いといったケアレスミスも防げます。

【おすすめ問題集】
　　Ｊｒ・ウォッチャー14「数える」、38「たし算・ひき算1」、
　　39「たし算・ひき算2」、41「数の構成」、42「一対多の対応」

問題43　　分野：複合（聞きとり・数える）

〈 準 備 〉　　鉛筆（赤）

〈 問 題 〉　　①「イヌとウサギはクッキーを持っています。ウサギはイヌより３個多くクッキーを持っています」
　　　　　　　　上の四角からこのお話に当てはまる絵を選んで○をつけてください。
　　　　　　②「イヌとウサギはクッキーを持っています。イヌとウサギが持っているクッキーの数は４個違います」
　　　　　　　　下の四角からこのお話に当てはまる絵を選んで✓をつけてください。

〈 時 間 〉　　各30秒

〈 解 答 〉　　①○右　　②✓左

[2021年度出題]

 アドバイス

お話を聞いて数について当てはまるものを選ぶ問題です。目で見るのではなく、言葉を理解して状況をイメージします。とは言っても、内容的にはそれほど難しいものではありません。正確にお話の内容を理解して、絵を見てそこに描いてあるものの数がわかれば答えに困ることはないでしょう。強調しておきたいのは、まず、指示やお話を正確に聞き取ることに集中すること。目の前に絵（答案）を配られるとどうしても目がそちらに向いがちですが、指示を聞いていないと解けないのが小学校入試の問題です。「答え方」まで指示されることが多いので、最後まで聞くようにしましょう。

【おすすめ問題集】
　　Ｊｒ・ウォッチャー14「数える」

〈 準 備 〉　鉛筆

〈 問 題 〉　①４つある四角のうち、描いてあるものがすべて料理に使う道具の四角を選んで○をつ
　　　　　　けてください。
　　　　　　②描いてある絵の中で正しいものに○をつけてください。

〈 時 間 〉　１分

〈 解 答 〉　①左下　②○：下段左、下段真ん中

[2021年度出題]

 アドバイス

当校ではあまり出題例のなかった常識分野の問題です。①②も特に難しいことを聞かれて
いるわけではありません。わからなければこういった問題の答えを覚えるよりは、実際に
経験する、実物を見るといった形で知識を得た方が印象に残るだけなく、似たようなこと
を聞かれた時に勘を働かせて答えることもできるでしょう。常識問題で聞かれる知識のほ
とんどは生活の中で学べることです。保護者の方はその意識を持ってお子さまにマナーを
含めた年齢相応の常識を身に付けさせるようにしてください。

【おすすめ問題集】
　Ｊｒ・ウォッチャー56「マナーとルール」

家庭学習のコツ③　効果的な学習方法～問題集を通読する

過去問題集を始めるにあたり、いきなり問題に取り組んではいませんか？　それでは本
書を有効活用しているとは言えません。まず、保護者の方が、すべてを一通り読み、当
校の傾向、ポイント、問題のアドバイスを頭に入れてください。そうすることにより、
保護者の方の指導力がアップします。また、日常生活のさまざまなことから、保護者の
方自身が「作問」することができるようになっていきます。

〈 準 備 〉　鉛筆

〈 問 題 〉　これからお話をしますから、よく聞いて後の質問に答えてください。
カエルくんは、友だちのクマくんとウサギさんを誘って、ピクニックに行くこと
にしました。カエルくんは毎日、天気予報を見て、お友だちとピクニックに行く
ことを楽しみにしていました。やがてピクニックの日になりました。空はよく晴
れていたのでカエルくんはなんだかうれしくなりました。カエルくんが集合場所
の原っぱに行くとまだ誰もいませんでした。しばらくすると、「カエルくーん」
と言いながらウサギさんが跳ねながらやってきました。次に森から、クマくんが
「カエルくーん」と言いながらノッシノッシとやってきました。これでみんな揃
ったのでピクニックに出発します。行き先はお花畑です。「いい天気になってよ
かったね」「昨日の天気予報では雨が降るかもしれないと言っていたので傘を持
ってきたよ」「カエルくん、天気予報をチェックしてくれたんだね」。原っぱを
通り抜けてしばらく歩くと、お花畑です。お花畑に着くとウサギさんは「お弁当
を食べよう」と言って準備を始め、「カエルくんの好きなミニトマトと、クマく
んの好きなハチミツを持ってきたよ」と言いながらリュックサックから食べもの
を取り出しました。「それはどうもありがとう」とクマくんは言い、大きな青色の
レジャーシートを敷きました。そして、「ぼくはニンジンを持ってきたよ。カエ
ルくんもウサギさんも好きだったでしょう」と言いました。ウサギさんとクマく
んが準備をしている間、カエルくんは何も言いません。「ぼくは自分が食べるも
のしか持ってきていない…」とカエルくんは思っていたのです。カエルくんの心
は曇り、雨が降り出しそうでした。ウサギさんとクマくんはカエルくんが元気で
なくなったことに気付き、2人は「カエルくんが天気予報を見てくれていて助か
ったよ。雨が降っても、カエルくんの傘があるから安心だね」と言いました。
「それにカエルくんがピクニックに誘ってくれなかったら、こんなに楽しくなれ
なかったよ」とウサギさんが言いました。「誘ってくれてありがとう。カエルく
ん」とクマくんが言いました。2人がそう言ったのでカエルくんの心は今日の天
気と同じように晴れ晴れしました。「ウサギさん、クマくん、お弁当を食べる準
備をしてくれてありがとう。食べたら、花の冠を2人にプレゼントするよ」とカ
エルくんが言いました。3人はそれぞれのお弁当の食べものを交換しながら、仲
良くお昼ごはんを食べました。その周りでは満開のコスモスが風に揺れていま
す。

①このお話に出てこない動物に〇をつけてください。
②天気予報ではピクニックに行く日の天気予報ではどうでしたか。選んで〇をつ
　けてください。
③このお話の季節と同じ季節の絵を選んで〇をつけてください。
④カエルくんの「心の天気」はどのように変わったでしょうか。正しいものを選
　んで〇をつけてください。
⑤カエルくん、ウサギさん、クマくんがそれぞれ持ってきた食べものとの正しい
　組み合わせを選んで〇をつけてください。
⑥カエルくん、ウサギさん、クマさんがそれぞれみんなのために持ってきたもの
　は何ですか。線で結んでください。

〈 時 間 〉　①②30秒　③1分　④各30秒　⑤1分

〈 解 答 〉　下図参照

[2021年度出題]

アドバイス

当校のお話の記憶の問題は、登場人物が少なくわかりやすいお話が多いので、記憶しやすいように思えるのですが、登場人物の心の動きや心情に関する質問があるので、お子さまによっては難しい問題と言えるかもしれません。対処としては「この時のカエルくんの気持ちは？」といった質問をお話の途中でしてみることです。そうすることでお子さまは登場人物の気持ちに注意しながらお話を聞くようになります。もちろん、基本はお話のポイントを「誰が」「いつ」「なにを」「どのように」といったことを整理しながら覚えていくことです。お話の流れを押さえ、登場人物の感情についても把握しておくことが当校では重要になってきます。

【おすすめ問題集】
　　１話５分の読み聞かせお話集①②、お話の記憶　初級編・中級編・上級編、
　　Ｊｒ・ウォッチャー19「お話の記憶」、34「季節」

問題46　　分野：言語（言葉の音）

〈 準 備 〉　サインペン

〈 問 題 〉　１番上の段の左の四角を見てください。絵が描いてあり、その横にその絵を表す言葉の音だけ丸が書いてあります。そのうち、●だけをつなげてできる言葉は何ですか。右の四角から選んで○をつけてください。ほかの段も同じように答えてください。

〈 時 間 〉　各30秒

〈 解 答 〉　①○：キツネ　②○：サル　③○：時計（とけい）　④○：飛行機（ひこうき）

[2021年度出題]

 アドバイス

例年、ほぼ同様の問題が出題されています。「●」の言葉の音を並べて言葉を考え当てはまるものを選択肢の絵から探す、という問題です。言葉が音の組み合わせであるということはお子さまは理解しているはずですから、落ち着いて考えれば答えはすぐにわかるはずです。言葉が１音ずつの組み合わせであるという意識がないお子さまには「リンゴは「り」「ん」「ご」と１音ずつ区切って発音してみせ、お子さまにも同じように発音させてみましょう。なお、●の位置を勘違いすると違う選択肢が正解のように見えます。注意してください。

【おすすめ問題集】
　　Ｊｒ・ウォッチャー17「言葉の音遊び」、18「いろいろな言葉」、
　　60「言葉の音（おん）」

問題47 分野：制作

〈準 備〉 クレヨン（12色）、ハサミ、のり、水色の折り紙（1枚）、紙皿（1枚）
※あらかじめ問題47の絵を塗っておく。

〈問 題〉 （問題47の絵と材料・道具を渡して）
これから制作のテストを始めます。お手本を見て、その通りになるように考えながら作ってください。途中で「あと5分です」と何度か残り時間を言います。

〈時 間〉 12分

〈解 答〉 省略

［2021年度出題］

 アドバイス

当校の制作問題の特徴は具体的な手順の指示がないことです。見本を見て、自分で考えて作ります。あまり他校では見ない形ですので、こうした作業の経験のないお子さまには経験させておいてください。「段取り」を考える練習にもなります。この問題の場合は①紙皿を2つ折りにして不要部分を切る、②折り紙を見本の形に切る、③○の描いてある紙に目玉を描き、黒く塗ってから切り抜く。④①～③で作ったものを見本通りに貼り付ける。といった形でしょうか。時間は長めに取ってありますが、作業に慣れていないと意外と忙しいかもしれません。神経質になる必要はありませんが、「切る・貼る・塗る」といった作業はふつうに行えるようになっておいてください。

【おすすめ問題集】
　　実践　ゆびさきトレーニング①②③、Ｊｒ・ウォッチャー23「切る・貼る・塗る」

問題 1

①

②

③

④

⑤

2025 年度　浦和ルーテル学院　過去　無断複製／転載を禁ずる　　日本学習図書株式会社

ばばな		
ばなな		
ななば		
ぶらいぱん		
ぶらいぱん		
ぶらいぱん		
やかん		
きうす		
きゅうす		
りゆくっさく		
りゆっくさく		
りっくさっく		

とかい		
とけい		
といけ		
はくいい		
はしさい		
はくさい		
ほたる		
はたる		
ほたろ		
りんこ		
いんこ		
りんご		

2025 年度　浦和ルーテル学院　過去　無断複製／転載を禁ずる　　日本学習図書株式会社

問題 3

②

①

2025 年度　浦和ルーテル学院　過去　無断複製／転載を禁ずる　　日本学習図書株式会社

問題 4

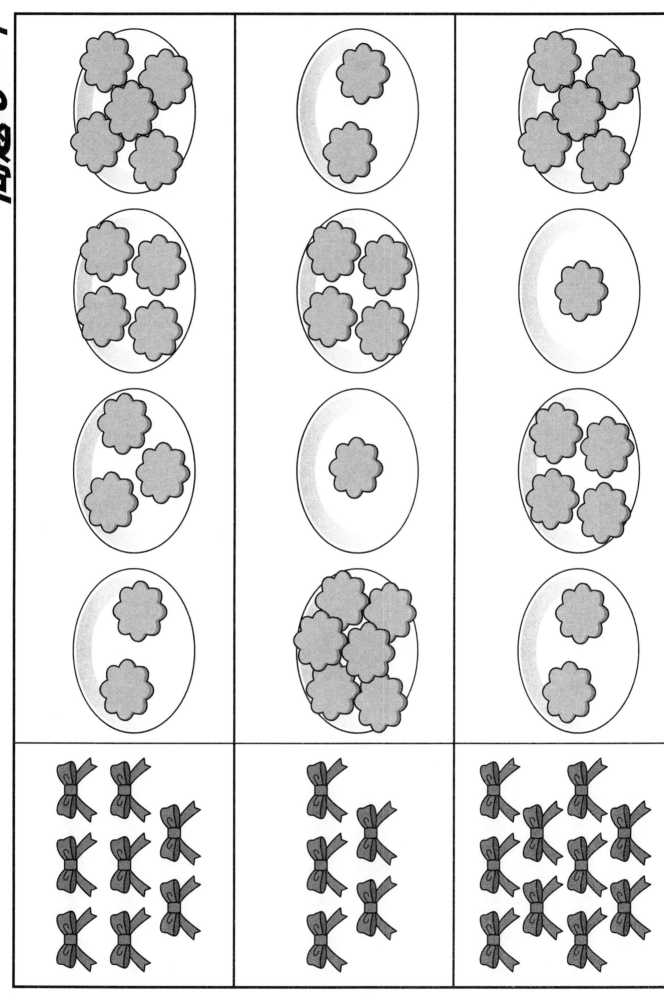

2025 年度　浦和ルーテル学院　過去　無断複製/転載を禁ずる　　　　日本学習図書株式会社

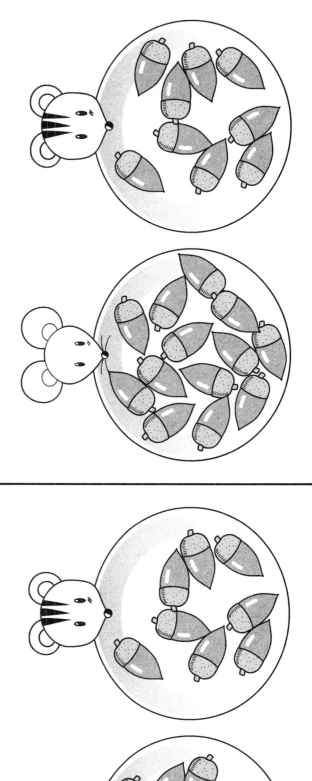

2025 年度　浦和ルーテル学院　過去　無断複製／転載を禁ずる　　　　　　　　　日本学習図書株式会社

日本学習図書株式会社

2025 年度　浦和ルーテル学院　過去　無断複製／転載を禁ずる

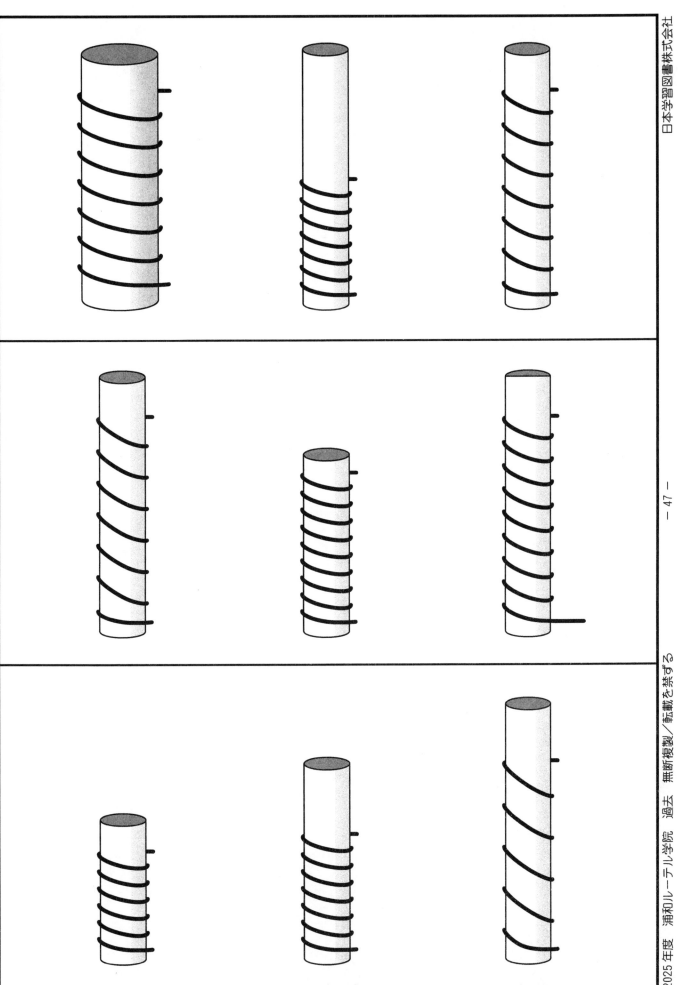

2025 年度　浦和ルーテル学院　過去 　日本学習図書株式会社

2025 年度　浦和ルーテル学院　過去　無断複製／転載を禁ずる　　日本学習図書株式会社

問題 9

2025 年度　浦和ルーテル学院　過去　無断複製／転載を禁ずる　　日本学習図書株式会社

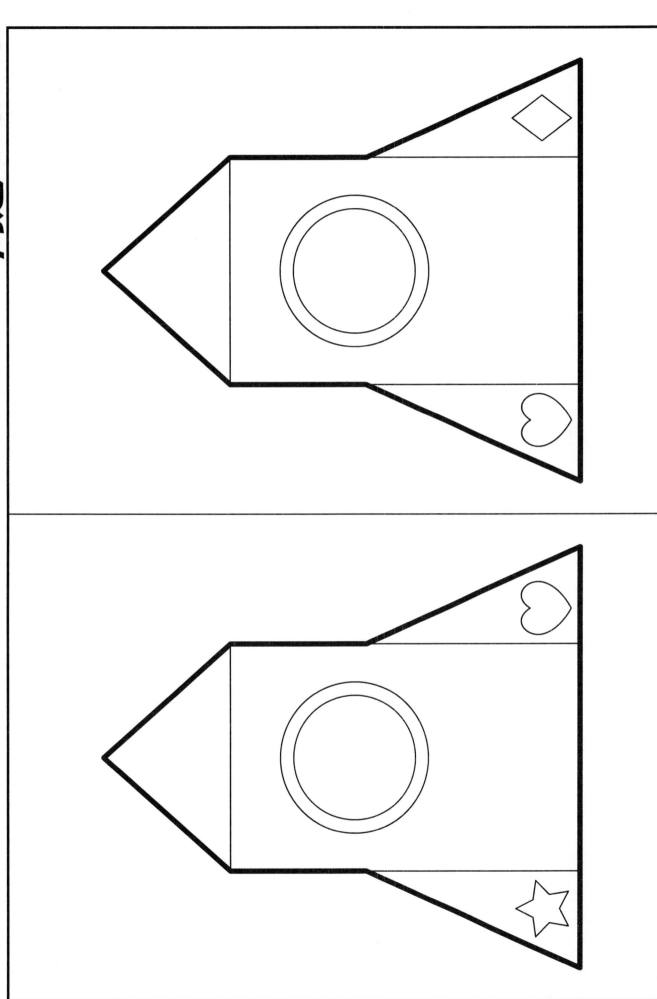

2025年度　浦和ルーテル学院　過去　無断複製／転載を禁ずる　　　　　　　　　　　日本学習図書株式会社

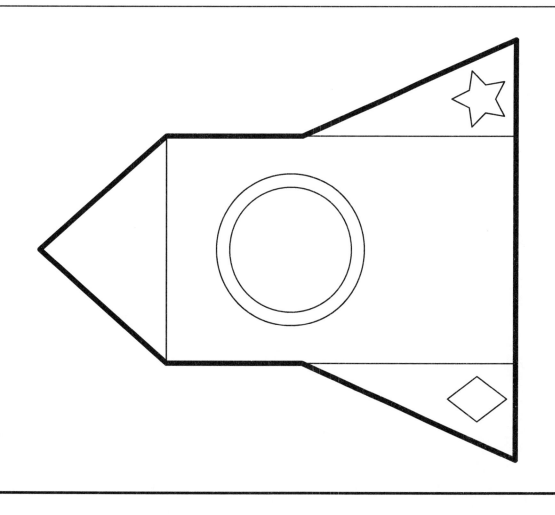

2025 年度　浦和ルーテル学院　過去　無断複製／転載を禁ずる　　　日本学習図書株式会社

うら

おもて

2025年度　浦和ルーテル学院　過去　無断複製／転載を禁ずる　　日本学習図書株式会社

問題12

体のまわりを
ボールを3回まわす

スキップ

手をたたきながら
スキップ

ゴール

くも歩き

くま歩き

スタート

2025年度 浦和ルーテル学院 過去 無断複製／転載を禁ずる 日本学習図書株式会社

①

②

③

日本学習図書株式会社

2025 年度 浦和ルーテル学院 過去 無断複製／転載を禁ずる 日本学習図書株式会社

2025 年度　浦和ルーテル学院　過去　無断複製／転載を禁ずる　　日本学習図書株式会社

さら
どんぶり
ちゃわん
ぬいぐるみ
にんぎょう
いぬ

さら
なべ
ふらいぱん
さんだる
ぞうり
すりっぱ

⑤

⑥

⑦

⑧

こゆび
おやゆび
くすりゆび
いのしし
くま
しか

あじさい
すいせん
あさがお
いぬ
きつね
たぬき

①

②

③

④

日本学習図書株式会社

①

②

2025 年度　浦和ルーテル学院　過去　無断複製／転載を禁ずる　　日本学習図書株式会社

2025 年度　浦和ルーテル学院　過去　無断複製／転載を禁ずる　日本学習図書株式会社

①

②

③

日本学習図書株式会社

日本学習図書株式会社

紐を穴に通して片結び
（反対側も同じように）

ビーズ

のり

台紙からたまごの殻の絵を
切り取って貼る
割れたところにヒヨコの絵を描く

はみ出た部分は
ハサミで切る

日本学習図書株式会社

2025 年度 浦和ルーテル学院 過去 無断複製／転載を禁ずる

さくら

うめ

えんぴつ

まいこ

とんぼ

あめ

ろば

2025 年度　浦和ルーテル学院　過去　無断複製／転載を禁ずる　　　　　日本学習図書株式会社

やかん	きつね	やもり	いす

えんそく	すいか	かもつ

ちゅうしゃ	てまき	まつぼっくり	とんぼ

むかで	せみ	かまのて	たしゃ

日本学習図書株式会社

① ②

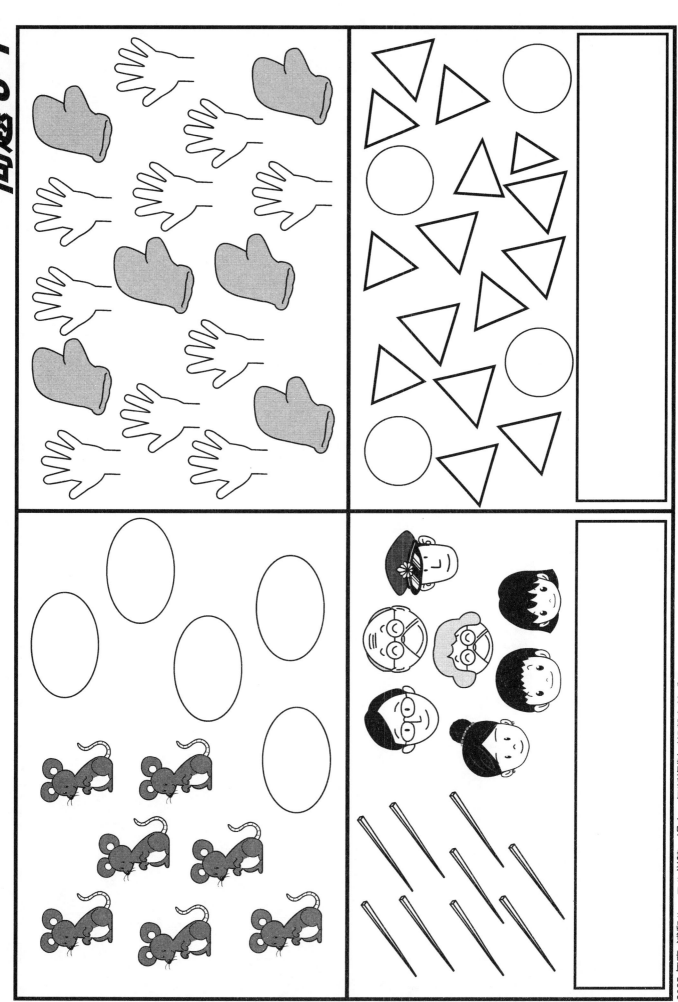

日本学習図書株式会社

①

②

③

日本学習図書株式会社

2025 年度　浦和ルーテル学院　過去　無断複製／転載を禁ずる　　日本学習図書株式会社

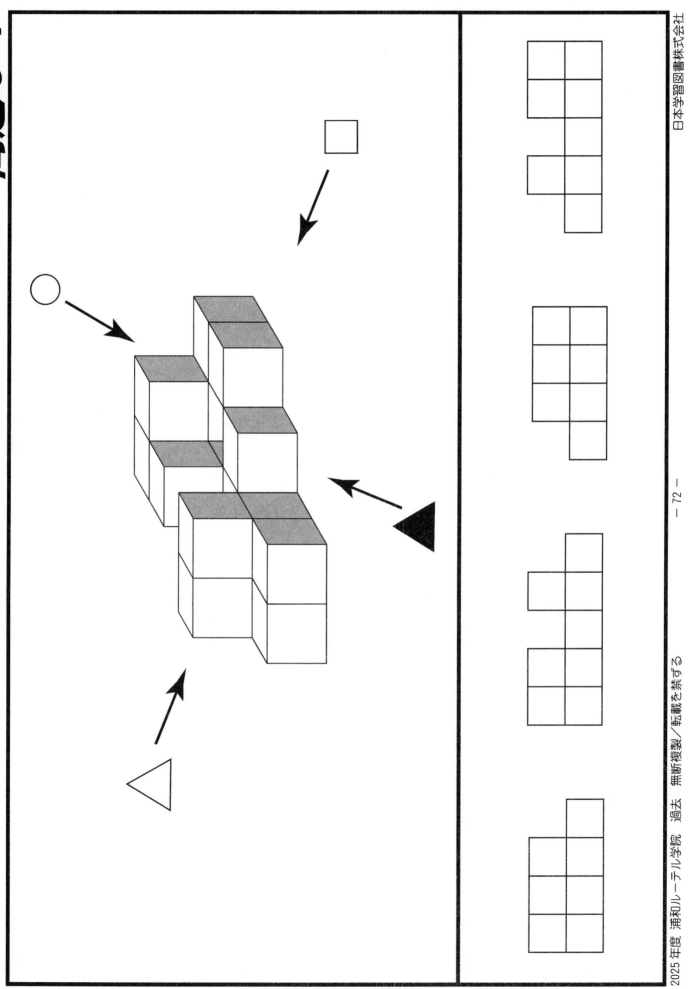

問題 34

2025 年度 浦和ルーテル学院　過去　無断複製／転載を禁ずる　　日本学習図書株式会社

みほん

だいだい色の紙

きいろの紙

だいだい色の紙をはりつける

だいだい色の紙

のりしろ

きいろの紙

のりしろ

日本学習図書株式会社

問題３６

は

やまだ~~な~~なこ

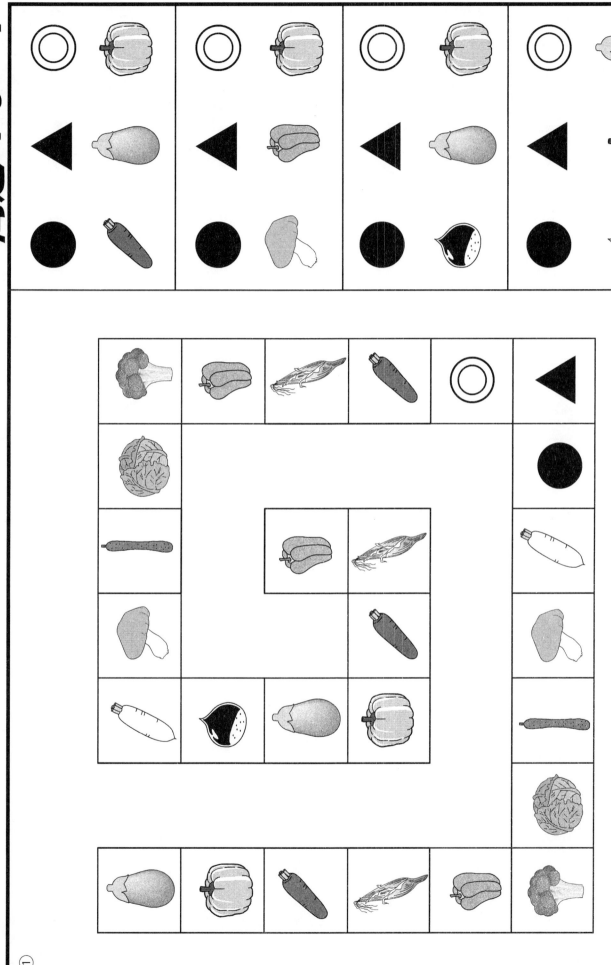

2025 年度　浦和ルーテル学院　過去　無断複製／転載を禁ずる　　　　日本学習図書株式会社

①

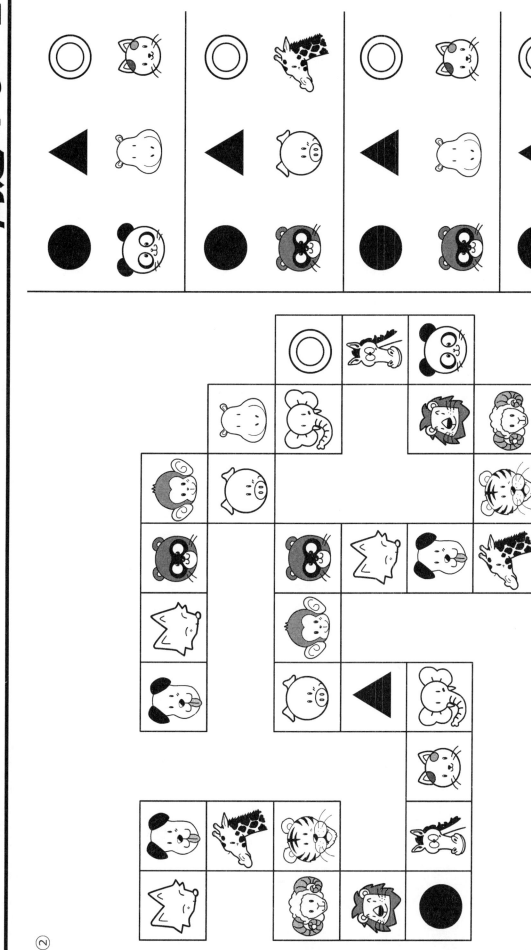

2025 年度 浦和ルーテル学院 過去 無断複製/転載を禁ずる 日本学習図書株式会社

②

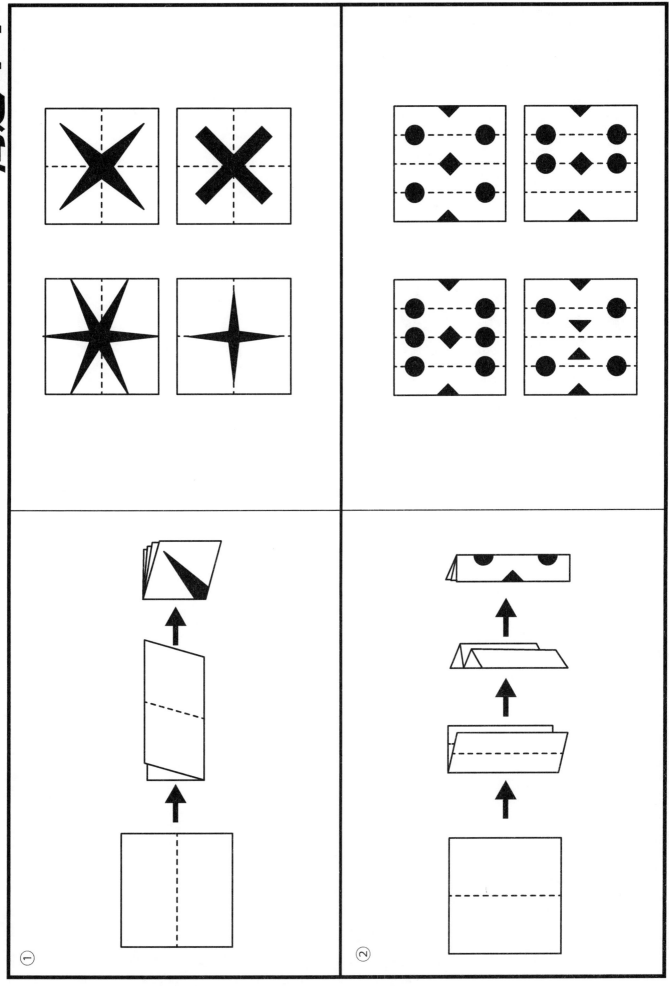

日本学習図書株式会社

2025 年度　浦和ルーテル学院　過去　無断複製／転載を禁ずる

2025 年度　浦和ルーテル学院　過去　無断複製／転載を禁ずる　日本学習図書株式会社

① ②

2025年度 浦和ルーテル学院 過去 無断複製／転載を禁ずる 日本学習図書株式会社

日本学習図書株式会社

① ②

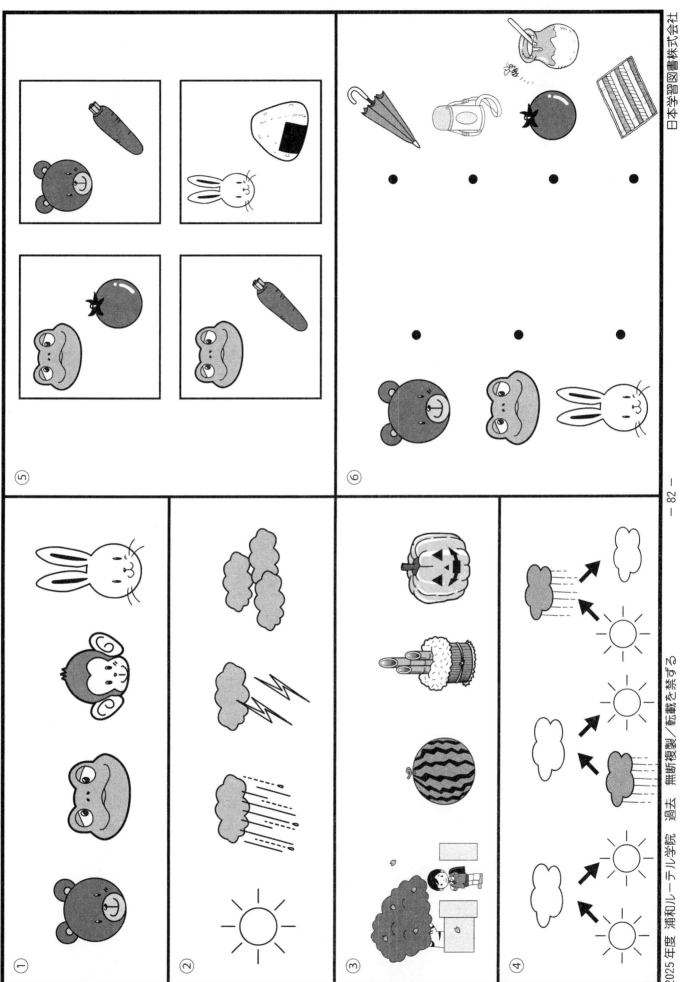

2025 年度 浦和ルーテル学院 過去 無断複製／転載を禁ずる　日本学習図書株式会社

2025 年度　浦和ルーテル学院　過去　無断複製／転載を禁ずる　日本学習図書株式会社

ご記入日　　　年　　月　　日

☆国・私立小学校受験アンケート☆

※可能な範囲でご記入下さい。選択肢は○で囲んで下さい。

〈小学校名〉_____　〈お子さまの性別〉男・女　　〈誕生月〉___月

〈その他の受験校〉(複数回答可)_____

〈受験日〉①:___月___日 〈時間〉___時___分 ～ ___時___分
　　　　　②:___月___日 〈時間〉___時___分 ～ ___時___分

〈受験者数〉 男女計___名 (男子___名 女子___名)

〈お子さまの服装〉 _____

〈入試全体の流れ〉(記入例) 準備体操→行動観察→ペーパーテスト
_____

Eメールによる情報提供

日本学習図書では、Eメールでも入試情報を募集しております。下記のアドレスに、アンケートの内容をご入力の上、メールをお送り下さい。

**ojuken@
nichigaku.jp**

●行動観察　(例) 好きなおもちゃで遊ぶ・グループで協力するゲームなど

〈実施日〉___月___日 〈時間〉___時___分 ～ ___時___分 〈着替え〉□有 □無

〈出題方法〉 □肉声 □録音 □その他 (　　　　　) 〈お手本〉□有 □無

〈試験形態〉 □個別 □集団 (　　　人程度)　　　〈会場図〉

〈内容〉

□自由遊び
_____

□グループ活動
_____

□その他
_____

●運動テスト (**有・無**)　(例) 跳び箱・チームでの競争など

〈実施日〉___月___日 〈時間〉___時___分 ～ ___時___分 〈着替え〉□有 □無

〈出題方法〉 □肉声 □録音 □その他 (　　　　　) 〈お手本〉□有 □無

〈試験形態〉 □個別 □集団(　　　人程度)　　　〈会場図〉

〈内容〉

□サーキット運動

　□走り □跳び箱 □平均台 □ゴム跳び

　□マット運動 □ボール運動 □なわ跳び

　□クマ歩き

□グループ活動_____

□その他_____

日本学習図書株式会社

●知能テスト・口頭試問

〈実施日〉＿＿＿月＿＿日〈時間〉＿＿時＿＿分 ～ ＿＿時＿＿分 〈お手本〉□有 □無

〈出題方法〉 □肉声 □録音 □その他（＿＿＿＿＿＿） 〈問題数〉＿＿＿枚 ＿＿＿問

分野	方法	内　　容	詳　細・イ　ラ　ス　ト
（例） お話の記憶	☑筆記 □口頭	動物たちが待ち合わせをする話	（あらすじ） 動物たちが待ち合わせをした。最初にウサギさんが来た。次にイヌくんが、その次にネコさんが来た。最後にタヌキくんが来た。 （問題・イラスト） ３番目に来た動物は誰か
お話の記憶	□筆記 □口頭		（あらすじ） （問題・イラスト）
図形	□筆記 □口頭		
言語	□筆記 □口頭		
常識	□筆記 □口頭		
数量	□筆記 □口頭		
推理	□筆記 □口頭		
その他	□筆記 □口頭		

日本学習図書株式会社

●制作　（例）ぬり絵・お絵かき・工作遊びなど

〈実施日〉＿＿＿月＿＿日　〈時間〉＿＿＿時＿＿分　～　＿＿時＿＿分

〈出題方法〉　□肉声　□録音　□その他（　　　　　　　　）　〈お手本〉□有　□無

〈試験形態〉　□個別　□集団（　　　　　人程度）

材料・道具	制作内容
□ハサミ	□切る　□貼る　□塗る　□ちぎる　□結ぶ　□描く　□その他（　　　）
□のり（□つぼ　□液体　□スティック）	タイトル：＿＿＿＿＿＿＿＿＿＿＿＿＿
□セロハンテープ	
□鉛筆　□クレヨン（　色）	
□クーピーペン（　色）	
□サインペン（　色）□	
□画用紙（□A4　□B4　□A3	
□その他：　　　　　）	
□折り紙　□新聞紙　□粘土	
□その他（　　　　　　）	

●面接

〈実施日〉＿＿＿月＿＿日　〈時間〉＿＿＿時＿＿分　～　＿＿時＿＿分　〈面接担当者〉＿＿＿名

〈試験形態〉□志願者のみ（　　）名　□保護者のみ　□親子同時　□親子別々

〈質問内容〉

□志望動機　□お子さまの様子

□家庭の教育方針

□志望校についての知識・理解

□その他（　　　　　　　　　　）

（　詳　細　）

・

・

・

・

※試験会場の様子をご記入下さい。

例

校長先生　教頭先生

㊫　㊜　㊟

㊞　㊜　㊚

出入口

●保護者作文・アンケートの提出（有・無）

〈提出日〉　□面接直前　□出願時　□志願者考査中　□その他（　　　　　　）

〈下書き〉　□有　□無

〈アンケート内容〉

（記入例）当校を志望した理由はなんですか（150字）

日本学習図書株式会社

● 説明会（□有　□無）〈開催日〉＿＿月＿＿日〈時間〉＿＿時＿＿分　～　＿＿時＿＿分

〈上履き〉　□要　□不要　〈願書配布〉　□有　□無　〈校舎見学〉　□有　□無

〈ご感想〉

● 参加された学校行事 （複数回答可）

公開授業 〈開催日〉　＿＿月＿＿日〈時間〉＿＿時＿＿分　～　＿＿時＿＿分

運動会など 〈開催日〉　＿＿月＿＿日〈時間〉＿＿時＿＿分　～　＿＿時＿＿分

学習発表会・音楽会など 〈開催日〉＿＿月＿＿日〈時間〉＿＿時＿＿分　～　＿＿時＿＿分

〈ご感想〉

※是非参加したほうがよいと感じた行事について

● 受験を終えてのご感想、今後受験される方へのアドバイス

※対策学習（重点的に学習しておいた方がよい分野）、当日準備しておいたほうがよい物など

＊＊＊＊＊＊＊＊＊＊　ご記入ありがとうございました　＊＊＊＊＊＊＊＊＊＊

必要事項をご記入の上、ポストにご投函ください。

　なお、本アンケートの送付期限は入試終了後3ヶ月とさせていただきます。また、入試に関する情報の記入量が当社の基準に満たない場合、謝礼の送付ができないことがございます。あらかじめご了承ください。

ご住所：〒＿＿＿＿＿＿＿＿＿＿＿＿＿＿＿＿＿＿＿＿＿＿＿＿＿＿＿＿＿＿＿＿＿＿＿

お名前：＿＿＿＿＿＿＿＿＿＿＿＿＿＿＿＿　メール：＿＿＿＿＿＿＿＿＿＿＿＿＿＿＿＿

ＴＥＬ：＿＿＿＿＿＿＿＿＿＿＿＿＿＿＿＿　ＦＡＸ：＿＿＿＿＿＿＿＿＿＿＿＿＿＿＿＿

アンケートのご記入ありがとうございました

　　　　　　　　　　　　　　　日本学習図書株式会社

分野別 小学入試練習帳 ジュニアウォッチャー

No.	項目	内容
1	点・線図形	小学校入試で出題頻度の高い「点・線図形」の模写を、難易度の低いものから段階的に幅広く練習することができるように構成。
2	座標	図形の位置模写という作業を、難易度の低いものから段階別に練習できるように構成。
3	パズル	様々なパズルの問題を難易度の低いものから段階的に練習できるように構成。
4	同図形探し	小学校入試で出題頻度の高い、同図形選びの問題を繰り返し練習できるように構成。
5	回転・展開	図形などを回転させたとき、または展開したとき、形がどのように変化するかを学習し、理解を深められるように構成。
6	系列	数、図形などの様々な系列問題を、難易度の低いものから段階的に練習できるように構成。
7	迷路	迷路の問題を繰り返し練習できるように構成。
8	対称	対称に関する問題を4つのテーマに分類し、各テーマごとに問題を段階別に練習できるように構成。
9	合成	図形の合成に関する問題を、難易度の低いものから段階的に練習できるように構成。
10	四方からの観察	もの（立体）を様々な角度から見て、どのように見えるかを推理する問題を練習できるように構成。
11	いろいろな仲間	ものや動物、植物の共通点を見つけ、分類していく問題を中心に構成。
12	日常生活	日常生活における様々な問題を6つのテーマに分類し、各テーマごとに二つの問題形式で複数の問題を練習できるように構成。
13	時間の流れ	「時間」に着目し、様々なものごとは、時間が経過するとどのように変化するのかということを学習し、理解できるように構成。
14	数える	様々なものを「数える」ことから、数の多少の判定や数までの練習まで、各テーマごとに問題を段階別に練習できるように構成。
15	比較	比較に関する問題を5つのテーマ（数、高さ、量、長さ、重さ）に分類し、各テーマごとに問題を段階別に練習できるように構成。
16	積み木	数える対象を積み木に限定した問題集。
17	言葉の音遊び	言葉の音に関する問題を5つのテーマに分類し、各テーマごとに練習できるように構成。
18	いろいろな言葉	表現力をより豊かにするための言葉と、いろいろな言葉として、擬態語や擬声語、反意語、同音異義語、数詞を取り上げた問題集。
19	お話の記憶	お話を聴いてその内容を記憶し、設問に答える形式の問題集。
20	見る記憶・聴く記憶	「見て憶える」「聴いて憶える」という『記憶』分野に特化した問題集。
21	お話作り	いくつかの絵を元にしてお話を作る、想像力を養う練習をすることができるように構成。
22	想像画	描かれてある形や色を見ながら、想像し、絵を描く想像画の練習ができるように構成。
23	切る・貼る・塗る	小学校入試で出題頻度の高い、はさみやのりなどを使った巧緻性の問題を繰り返し練習できるように構成。
24	絵画	お絵かきやデザイン、ぬり絵などクレヨンやクーピーペンを用いた巧緻性の問題を繰り返し練習できるように構成。
25	生活巧緻性	小学校入試で出題頻度の高い日常生活の様々な場面における巧緻性の問題集。
26	文字・数字	ひらがなの清音、濁音、物音、拗長音、促音と1～20までの数字に焦点を絞り、繰り返し練習できるように構成。
27	理科	小学校入試で出題頻度が高くなりつつある理科の問題を集めた問題集。
28	運動	出題頻度の高い運動問題を種目別に分けて構成。
29	行動観察	項目ごとに問題提起し、「このような時はどうか、あるいはどう対処するのか」の観点から問いかける形式の問題集。
30	生活習慣	学校から家庭への提起と思って、一問一問絵を見ながら話し合い、考えていく形式の問題集。
31	推理思考	数量、言語、常識（合理科、一般）など、諸々のジャンルから問題を構成し、近年の小学校入試問題傾向に沿って変化するようにまとめた、推理・思考する問題集。
32	ブラックボックス	箱や筒の中を通ると、どのような約束でどのように変化するかを考える問題集。
33	シーソー	重さの違うものをシーソーに乗せた時どちらに傾くか、またどうすればつり合うのかを思考する基礎的な問題集。
34	季節	様々な行事や植物などを季節別に分類できるように知識をつける問題集。
35	重ね図形	小学校入試で頻繁に出題されている「図形を重ね合わせてできる形」について、理解を深められるように構成。
36	同数発見	様々な物を数え「同じ数」を発見し、数の多少の判断や数を正しく数えることを学ぶ問題集。
37	選んで数える	数の学習の基本となる、いろいろなものの数を正しく数える学習を行います。
38	たし算・ひき算1	数字を使わず、たし算とひき算の基礎を身につけるための問題集。
39	たし算・ひき算2	数字を使わず、たし算とひき算の基礎を身につけるための問題集。
40	数を分ける	数を等しく分ける問題です。等しく分けたときに余りが出るものもあります。
41	数の構成	ある数がどのような数で構成されているかを学んでいきます。
42	一対多の対応	一対一の対応から、一対多の対応まで、かけ算の考え方の基礎学習を行います。
43	数のやりとり	あげたり、もらったり、数の変化をしっかりと学びます。
44	見えない数	指定された条件から数を導き出します。
45	図形分割	図形の分割に関する問題集。パズルや合成の分野にも通じる様々な問題を集めました。
46	回転図形	「回転図形」に関する問題集。やさしい問題から始め、いくつかの代表的なパターンから、段階を踏んで学習できるよう編集されています。
47	座標の移動	「マス目の指示通りに移動する問題」と「指示された数だけ移動する問題」を収録。
48	鏡図形	鏡で左右反転させた時の見え方の問題を考えます。平面図形から立体図形まで。
49	しりとり	すべての学習の基礎となる「言葉」を増やすこと、特に「しりとり」に使えるタイプの「言葉」を増やすことをねらいとした問題集。
50	観覧車	観覧車やメリーゴーラウンドなどを題材にした「回転系列」の問題集。「回転」の要素を含んだ「数量」や「推理思考」分野の問題ですが、要素として「図形」や「数量」も含みます。
51	運筆①	鉛筆の持ち方を学び、点と線を書く練習をします。お手本を見ながら、線をなぞる練習をします。
52	運筆②	運筆①からさらに発展し、「欠所補完」や「迷路」などを楽しみながら、より複雑な運筆を習得することを目指します。
53	四方からの観察 積み木編	積み木を使用した「四方からの観察」に関する問題を練習できるように構成。
54	図形の構成	見本の図形がどのような部分によって形づくられているかを考えます。
55	理科②	理科的知識に関する問題を集中して練習する「常識」分野の問題集。
56	マナーとルール	道路や駅、公共の場でのマナー、安全や衛生に関する知識を学ぶ問題集。
57	置き換え	さまざまな具体的・抽象的事象を記号で表す「置き換え」の問題を扱います。
58	比較②	長さ・高さ・体積・数などを数学的な知識を使わず、論理的に推測する「比較」の問題を扱います。
59	欠所補完	線と線のつながり、欠けた絵に当てはまるものを求めるなど、「欠所補完」に取り組める問題集。
60	言葉の音（おん）	しりとり、決まった順番の音をつなげるなど、「言葉の音」に関する問題を集めた練習問題集。

青山学院大学系属 浦和ルーテル学院小学校　専用注文書

年　　月　　日

合格のための問題集ベスト・セレクション

＊入試頻出分野ベスト３

1st 推 理	**2nd** 数 量	**3rd** 言 語

集中力	聞く力	観察力	思考力	聞く力	言語力

観察力	思考力

問題自体は標準レベルですが出題方法が独特です。過去問とその類似問題で慣れておきましょう。
面接・アンケートなどは青山学院大学系属となったことで変化があります。要チェックです。

分野	書　名	価格(税込)	注文	分野	書　名	価格(税込)	注文
図形	Ｊｒ・ウォッチャー5「回転・展開」	1,650 円	冊	数量	Ｊｒ・ウォッチャー42「一対多の対応」	1,650 円	冊
推理	Ｊｒ・ウォッチャー6「系列」	1,650 円	冊	図形	Ｊｒ・ウォッチャー46「回転図形」	1,650 円	冊
常識	Ｊｒ・ウォッチャー11「いろいろな仲間」	1,650 円	冊	図形	Ｊｒ・ウォッチャー53「四方からの観察　積み木編」	1,650 円	冊
数量	Ｊｒ・ウォッチャー14「数える」	1,650 円	冊	常識	Ｊｒ・ウォッチャー56「マナーとルール」	1,650 円	冊
数量	Ｊｒ・ウォッチャー15「比較」	1,650 円	冊	数量	Ｊｒ・ウォッチャー58「比較②」	1,650 円	冊
記憶想像	Ｊｒ・ウォッチャー17「言葉の音あそび」	1,650 円	冊	言語	Ｊｒ・ウォッチャー60「言葉の音」	1,650 円	冊
言語	Ｊｒ・ウォッチャー18「いろいろな言葉」	1,650 円	冊		実践 ゆびさきトレーニング①②③	2,750 円	各 冊
記憶想像	Ｊｒ・ウォッチャー19「お話の記憶」	1,650 円	冊		小学校受験の面接Ｑ＆Ａ	2,860 円	各 冊
巧緻性	Ｊｒ・ウォッチャー23「切る・貼る・塗る」	1,650 円	冊		家庭で行う面接テスト問題集	2,200 円	冊
知識	Ｊｒ・ウォッチャー26「文字・数字」	1,650 円	冊		面接最強マニュアル	2,200 円	冊
観察	Ｊｒ・ウォッチャー28「運動」	1,650 円	冊		新 小学校受験 文例集500	2,860 円	冊
数量	Ｊｒ・ウォッチャー38「たし算・ひき算1」	1,650 円	冊		新 運動テスト問題集	2,320 円	冊
数量	Ｊｒ・ウォッチャー39「たし算・ひき算2」	1,650 円	冊		1話5分の読み聞かせお話集①②	1,980 円	各 冊
数量	Ｊｒ・ウォッチャー41「数の構成」	1,650 円	冊		お話の記憶 中級編・上級編	2,200 円	各 冊

	合計		冊		円

（フリガナ） 氏　名	電　話
	ＦＡＸ
	E-mail

住　所 〒　　　－	以前にご注文されたことはございますか。
	有　・　無

★お近くの書店、または記載の電話・FAX・ホームページにてご注文をお受けしております。
電話：03-5261-8951　FAX：03-5261-8953　代金は書籍合計金額＋送料がかかります。
※なお、落丁・乱丁以外の理由による商品の返品・交換には応じかねます。
★ご記入頂いた個人に関する情報は、当社にて厳重に管理致します。なお、ご購入の商品発送の他に、当社発行の書籍案内、書籍に
関する調査に使用させて頂く場合がございますので、予めご了承ください。

日本学習図書株式会社
https://www.nichigaku.jp

家庭学習をトータルサポート！ ニチガクの オリジナル 効果的 学習法

1 まずはアドバイスページを読む！

ピンク色です

対策や試験ポイントがぎっしりつまった「家庭学習ガイド」。分野アイコンで、試験の傾向をおさえよう！

2 問題をすべて読み、出題傾向を把握する

3 「アドバイス」で学校側の観点や問題の解説を熟読

4 はじめて過去問題にチャレンジ！

5 プラスα 対策問題集や類題で力を付ける

おすすめ対策問題集

分野ごとに対策問題集をご紹介。苦手分野の克服に最適です！
＊専用注文書付き。

過去問のこだわり

最新問題は問題ページ、イラストページ、解答・解説ページが独立しており、お子さまにすぐに取り掛かっていただける作りになっています。
ニチガクの学校別問題集ならではの、学習法を含めたアドバイスを利用して効率のよい家庭学習を進めてください。

各問題のジャンル

問題4 分野：系列

〈準 備〉 クーピーペン（赤）

〈問 題〉 左側に並んでいる3つの形を見てください。真ん中の抜けているところには右側のどの四角が入ると繋がるでしょうか。右側から探して〇を付けてください。

〈時 間〉 30秒

〈解 答〉 ①真ん中 ②右 ③左

アドバイス

複雑な系列の問題です。それぞれの問題がどのような約束で構成されているのか確認をしましょう。この約束が理解できていないと問題を解くことができません。また、約束を見つけるとき、一つの視点、考えに固執するのではなく、色々と着眼点を変えてとらえるようにすることで発見しやすくなります。この問題では、①と②は中の模様が右の方へまっすぐ1つずつ移動しています。③は4つの矢印が右の方へ回転して1つずつ移動しています。それぞれ移動のし方が違うことに気が付きましたでしょうか。系列にも様々な出題がありますので、このような系列の問題も学習しておくことをおすすめ致します。系列の問題は、約束を早く見つけることがポイントです。

【おすすめ問題集】
Jr・ウォッチャー6「系列」

アドバイス

各問題の解説や学校の観点、指導のポイントなどを教えます。
今日から保護者の方が家庭学習の先生に！

2025年度版 青山学院大学系属
浦和ルーテル学院小学校 過去問題集

発行日　2024年6月21日
発行所　〒162-0821 東京都新宿区津久戸町 3-11-9F
　　　　日本学習図書株式会社
電話　　03-5261-8951 ㈹

ISBN978-4-7761-5569-0

C6037 ￥2100E

定価 2,310 円

（本体 2,100 円 ＋税 10%）

詳細は https://www.nichigaku.jp　日本学習図書　検索